Сан-Ён Пё О.В. Муран

РУССКАЯ УСТНАЯ РЕЧЬ

Стилистика

Культура речи

Риторика

Учебное пособие
Книга I

Seoul
Hankuk University of Foreign Studies Press
2008

АВТОРЫ:

Пё, Сан-Ён (Pyo, Sang-Yong), профессор кафедры русского языка Университета иностранных языков ХАНКУК;

Муран О.В. (Muran Olga V.), профессор кафедры русского языка Университета иностранных языков ХАНКУК (Иркутский государственный университет).

Русская устная речь: Стилистика. Культура речи. Риторика: Учебное пособие в двух книгах. Книга I. – Сеул: Hankuk University of Foreign Studies Press, 2008. - 207 с.

Данное пособие является частью лекционного курса по стилистике русского языка, культуре речи и риторике, представленной, главным образом, материалами по технике речи.

Теоретические основы трёх взаимосвязанных дисциплин рассматривают русскую звучащую речь в традиционном для российской методики ракурсе, а систематизация и адаптация представленного материала целенаправленно адресуют его иностранной, в частности, корейской, аудитории.

Создание данного курса с описанием стилистических ресурсов фонетики, нормативного аспекта культуры речи, классического канона риторики и основ техники речи продиктовано его востребованностью процессом обучения корейских студентов русскому языку и ориентирует их на практическое освоение языка на высшем уровне.

ISBN 978-89-7464-490-1 13790

"This work was supported by Hankuk University of Foreign Studies Research Fund of 2007."

ПРЕДИСЛОВИЕ

Учебное пособие «Русская устная речь: Стилистика. Культура речи. Риторика» - это комплексное пособие, состоящее из двух книг. Первая книга состоит из трёх частей и содержит лекционные материалы, направленные на обучение иностранных учащихся русской устной речи с позиций *стилистики русского языка*, *культуры русской речи* и *риторики*.

Часть I «Стилистика звучащей речи» знакомит учащихся с базовыми понятиями науки стилистики и основами звуковой организации русской речи, со стилистически значимыми средствами фонетического уровня русского языка.

Часть II «Культура устной речи» представляет основополагающий материал для знакомства с *нормами* и *вариантами* современного русского произношения.

Часть III «Риторика» даёт общее представление об основных понятиях ораторского искусства и посвящена рассмотрению важнейших составляющих процесса голосообразования и техники речи. Однако в силу практической направленности этой темы, большая часть материалов в виде упражнений по технике речи, разработанных русской школой голосоведения, будет представлена во второй книге пособия.

Вторая книга комплексного учебного пособия – это задания и упражнения, призванные закрепить полученные знания на практике. Задания в практическом пособии располагаются также по порядку следования разделов, принятому в первой книге.

Некоторые теоретические материалы и практические задания будут представлены в аудиоприложении ко второй книге.

Пособие адресовано иностранным учащимся продвинутого этапа, но может быть полезно и для широкого круга читателей, интересующихся русским языком.

В учебном пособии использован ряд общепринятых положений российской лингвистики, отдельные примеры и упражнения приводятся из работ других авторов. В некоторых случаях при необходимости в тексте даются подробные ссылки, а в целом все использованные работы указаны в списке литературы (см. раздел «Библиография» в конце первой книги).

ВВЕДЕНИЕ

Николай Михайлович Карамзин, замечательный русский писатель, соглашаясь с великим Вольтером в том, что «в шесть лет можно выучиться всем главным языкам, но всю жизнь надобно учиться своему природному», многозначительно добавил к тому: «Нам, русским, ещё более труда, нежели другим».

«А иностранцам?» - спросите вы...

Вы хотите говорить, читать, писать по-русски? Тогда приготовьтесь к упорному труду: потому что, если русским, как сказал Карамзин, требуется много потрудиться, чтобы овладеть своим языком в совершенстве, что же говорить об иностранцах, желающих свободно пользоваться языком, о котором другой великий француз, писатель Проспер Мериме в своей статье о Н.В.Гоголе с восхищением писал: «Богатый, звучный, живой, отличающийся гибкостью ударений и бесконечно разнообразный в звукоподражании, способный к передаче тончайших оттенков, наделённый, подобно греческому, почти безграничной творческой мыслью, русский язык кажется нам созданным для поэзии…»[1]

Как же овладеть этим богатством?

Конечно, способов для достижения заветной цели существует немало. Это может быть и чтение газет, художественной литературы, публикаций в Интернете, просмотр фильмов, общение с людьми, хорошо владеющими русским языком. Однако для целенаправленного овладения живым русским языком на высоком уровне потребуется

---

[1] см. Проспер Мериме. Статьи о русских писателях. М.,1958.

обращение к изучению таких наук как ***стилистика, культура речи*** и ***риторика***, о которых вы, безусловно, не раз слышали на ваших практических занятиях, осваивая азы[2] русского языка.

Стилистика знакомит с самыми разными сосуществующими в русском языке средствами, необходимыми в определённой ситуации общения. Например, русские имена Алексей, Александр, Михаил, Ольга имеют такие параллельные формы как Алёша, Алёшенька, Алёшка, Саша, Сашок, Миша, Мишаня, Миха, Оля, Оленька, Олька (и это ещё не всё!). Каждый из этих вариантов имеет своё смысловое наполнение и может использоваться в различных ситуациях. Другими словами, это как минимум три способа обратиться к кому-либо. Изучение стилистики, таким образом, даёт вам возможность целенаправленно познакомиться с так называемым *функциональным аспектом языка,* т.е. со всеми теми стилистически маркированными средствами русского языка, которые и помогают говорящему на русском языке иностранцу выразить свою мысль, своё отношение к собеседнику максимально точно в соответствии с конкретной ситуацией общения и окружающей обстановкой.

Культура речи – наука, которая неразрывно связана со стилистикой.

Слово *cultura* с латинского языка переводится как «возделывание, обработка земли, подготовка земли к выращиванию растений». Культура речи – это «возделывание речи», постоянная забота о том, чтобы с каждым днём она становилась правильнее и лучше. И стилистика, в запасах которой находится огромное множество языковых средств, помогает речи становиться богаче, выразительнее,

[2] Здесь: первоначальные сведения, начала, основы чего-нибудь (*азы* - буквы (устар.); ед.ч. *аз* – название буквы *а* в древнерусском алфавите).

красивее. Другими словами, без знания стилистики нет культуры речи или, как говорил известный русский лингвист Б.Н. Головин, « культуры речи нет без умения пользоваться стилями языка ».[3]

Культура речи в отличие от стилистики большей частью **советует**, как правильнее употребить тот или иной существующий в языке вариант в определённой ситуации, а иногда даже **запрещает** использовать какой-либо языковой элемент, словом, учит делать правильный выбор из числа сосуществующих в языке вариантов – звуков, слов, словосочетаний, предложений.

Например, обращаясь в официальной обстановке к своему профессору, преподавателю русского языка, вы должны, руководствуясь правилами – так называемыми **нормами** культуры речи, сказать: *Алексей Фёдорович! Александр Сергеевич! Михаил Васильевич! Ольга Владимировна!* Между собой преподаватели могут называть друг друга так: *Фёдорыч, Сергеич* и *Михал Василич, Оль Владимна.* Члены их семей, отвечая вам по телефону, скажут: «Сейчас *Алексея Фёдорыча, Александра Сергеича, Михаила Василича, Ольги Владимирны* нет дома». А когда преподаватели вернутся домой, они сообщат им: «*Алёш, Саш, Миш, Оль, пап, мам,* тебе звонил студент». А любящие мамы, наверно, называли их в детстве «*Алёшенька, Сашенька, Мишенька, Олюшка*». «*Алексашка*» - так дружески-грубовато называл русский царь Пётр I своего друга и сподвижника Александра Меньшикова. Однако в официальной обстановке все обращались к этому могущественному вельможе не иначе как «Ваше сиятельство *Александр Данилович*».

Риторика **–** которую в древности называли царицей всех наук – учит ораторскому искусству, то есть умению говорить **ярко** и

[3] Головин Б.Н. Основы культуры речи, с.256.

убедительно. Это умение высоко ценилось во все времена и у всех народов. Древние греки ещё в пятом веке до нашей эры написали первый учебник, обучавший искусству красноречия. В России первый учебник по риторике появился уже в начале 17 века. Человек, в совершенстве овладевший этим искусством, мог занять очень высокое положение в обществе, не обладая ни титулом, ни состоянием. А слова Антона Павловича Чехова о том, что «дурно говорить - можно считать таким же неприличием, как не уметь читать и писать» и что «цветами красноречия усыпан путь к любой карьере» - остаются актуальными и в наше время.

Как, например, должен быть построен текст вашего выступления для защиты дипломной работы, которую вы написали на ста страницах, а на выступление даётся не более 7 минут? И как вам нужно произнести этот текст, чтобы убедить слушающих вас профессоров в том, что ваша работа заслуживает самой высокой оценки?

На эти и другие вопросы отвечает риторика. Риторика выработала за всю историю своего существования целый свод риторических правил и приёмов, научиться которым может каждый желающий. Современная ***риторика***, тесно связанная с ***культурой речи*** и ***стилистикой***, это и наука, и искусство. С одной стороны, она ***теоретически*** знакомит учащихся с существующими правилами построения речи, а с другой стороны, предлагая ***практически*** освоить эти правила, помогает овладеть мастерством публичного выступления как на родном, так и на русском языке.

Таким образом, изучение ***стилистики русского языка***, ***культуры русской речи*** и ***риторики*** - это не только путь, ведущий к овладению вами богатствами русского языка, но и путь, конечная цель которого – овладение основами ***успешного***, как сейчас говорят, ***эффективного*** общения на русском языке.

Обычное общение - и эффективное и неэффективное - люди осуществляют в двух формах: устной и письменной. В центре внимания нашего учебника – устная или звучащая русская речь. Иностранные студенты, прошедшие начальный этап обучения русскому языку, хорошо знакомы с элементами, составляющими звучащую речь – фонетическими средствами русского языка – звуками, основными типами интонации, ударениями. Учебник «Русская устная речь: Стилистика. Культура речи. Риторика.» позволяет сделать следующий шаг на пути совершенствования устной русской речи учащихся. Изучая материалы этого учебного пособия, вы сможете

- познакомиться с фонетическими средствами русского языка, которые обладают определённым **стилистическим значением** (Часть I «Стилистика звучащей речи»);

- овладеть **правилами (нормами) устной речи**, которые сложились в русской речевой культуре, точнее, в такой её области как «Орфоэпия» (Часть II «Культура устной речи»);

- освоить некоторые **понятия** и **правила той части** науки **риторики**, **которая отвечает за исполнение или произнесение речи** (Часть III «Риторика»).

РУССКАЯ УСТНАЯ РЕЧЬ

Стилистика ∾ Культура речи ∾ Риторика

I

СТИЛИСТИКА ЗВУЧАЩЕЙ РЕЧИ

Карамзин
Николай Михайлович
(1766 - 1826)

Даль
Владимир Иванович
(1801 - 1872)

Пушкин
Александр Сергеевич
(1799 – 1837)

Часть I. Стилистика звучащей речи

ЧТО ТАКОЕ СТИЛИСТИКА?

Своё название термин ***стилистика*** получил от наименования небольшого предмета в виде палочки с острым концом - для писания, и тупым концом - для стирания написанного. По-гречески эта палочка называлась *stylos*. Это был один из первых пишущих инструментов древности. Каждый, кто пользовался этим инструментом для отображения своих мыслей на дощечке, покрытой воском, оставлял свой вариант написания букв. Один писал мелкими и круглыми буквами, другой оставлял большие и острые знаки, третий не просто писал, а рисовал свои буквы. Другими словами, у каждого была своя манера изображения букв, свой почерк при использовании «**stylos**». С тех пор и возникло понятие – «**стиль**».

Понятие это формировалось постепенно, и в современном употреблении оно имеет несколько значений. Однако свой разговор о стиле мы начнём с известного высказывания французского философа и писателя XVIII века Ж.Л.Л. Бюффона: «Стиль – это сам человек».

Действительно, увидев человека впервые, мы обращаем внимание на его внешний вид – как он одет, какие у него взгляд, выражение лица, причёска, - словом, как он выглядит. Знакомясь с ним и услышав его голос, в особенности, по телефону, мы пытаемся понять, кто наш собеседник, и какой это человек. «Скажи мне слово, и я скажу, кто ты», - говорил Сократ уже более двух тысяч лет назад. Известный российский учёный-филолог, академик Д.С. Лихачёв уже в наше время подчёркивал, что «вернейший способ узнать человека – это прислушаться к тому, как он говорит». Мы могли бы добавить к этим словам: и присмотреться к тому, как он пишет. Ещё великий Конфуций отмечал, что «почерк может достоверно указать, происходит ли он от великодушного человека или от того, кто вульгарен». В самом деле, как утверждают учёные-графологи, почерк – это зеркало всех сильных и слабых сторон его хозяина и по почерку можно многое узнать о человеке. Таким образом, и внешность человека, и его манера одеваться, общаться, писать, говорить и делать многое другое составляют ***стиль*** человека.

Однако за всю историю существования этого слова, у него появилось множество разных значений. В связи с этим мы можем в различных ситуациях высказываться, например, так:

1. *Дворец Кёнбоккун построен в традиционном корейском* ***стиле*** *(эпохи династии Ли).*
2. *Мне очень нравится* ***стиль*** *национального женского корейского платья «ханбок».*
3. *Я хорошо плаваю* ***стилем*** *«брасс».*
4. *В России Новый год отмечают два раза: по новому* ***стилю*** *– 1 января и старому стилю – 14 января (Старый Новый год).*
5. *Он всегда опаздывает – это в его* ***стиле****.*
6. *Библейские термины (библеизмы) принадлежат высокому* ***стилю*** *русского языка.*
7. *Этот текст написан в публицистическом* ***стиле****.*

Среди этих высказываний, имеющих, как мы видим, самые разные значения, с понятием ***стилистика*** связаны только два последних. Одно из них связано с понятием ***язык***, а другое – с понятием ***речь***. Для того, чтобы в дальнейшем говорить о содержании понятия ***стилистика*** необходимо хорошо усвоить, какое значение имеют два этих важнейших понятия – ***язык и речь*** - в лингвистике. Скорее всего, вы уже немного знакомы с тем, что эти два понятия имеют разное смысловое наполнение, хотя в обыденной жизни люди часто их путают и употребляют одно вместо другого. Давайте посмотрим, каково же точное значение этих слов.

Язык

Сразу отметим, что русские словари, в частности толковый словарь Ожегова, дадут вам не менее 11 значений слова «язык». Значение, которое важно для нашего изложения, С.И.Ожегов[4] представляет так:

Язык – исторически сложившаяся ***система*** *звуковых, словарных и грамматических средств, объективирующая работу мышления и являющаяся орудием общения, обмена мыслями и взаимного понимания людей в обществе.*

В новейшем толковом словаре Т.Ю. Ефремовой мы найдём следующее определение понятия «язык»:

Язык – это исторически сложившаяся ***система*** *словесного выражения мыслей, обладающая определенным звуковым, лексическим и грамматическим строем и служащая средством общения в человеческом обществе.*

[4] Сергей Иванович Ожегов (1900-1964) – выдающийся русский лингвист, автор самого популярного в России «Словаря русского языка».

Наконец, специальный «Краткий словарь лингвистических терминов» под редакцией Н.В. Васильевой даёт следующее определение понятия «язык»:

«Язык – это социально обработанная, исторически изменчивая ***знаковая система****, служащая основным средством общения и представленная разными формами существования, каждая из которых имеет по крайней мере одну из двух форм реализации - устную или письменную».*

Все три определения в понимании языка акцентируют наше внимание на том, что язык - это ***система***. С.И. Ожегов говорит, что это ***система различных средств*** – звуковых, словарных и грамматических. Т.Ю. Ефремова отмечает, что эта ***система обладает определённым звуковым, лексическим и грамматическим строем***, а словарь Н.В. Васильевой – что это ***система знаков***, существующая в разных формах. Если это система, а не беспорядочное неорганизованное множество, то она обязана обладать структурой. Что же представляет собой эта знаковая система – язык? Из каких элементов строится эта система? Какова её структура?

Язык можно уподобить многоэтажному зданию. Его этажи – языковые уровни, состоящие из языковых единиц. На первом этаже – ***фонемы*** (от греческого *«phone»* - звук), являющиеся единицами звукового строя языка; на втором – ***морфемы*** (от греч. *«morphe»* - форма), минимальная, значимая часть слова, мельчайшие частицы смысла в языке; на третьем этаже – ***слова*** или ***лексемы*** (от греч. *«lexis»* - слово); на четвёртом – ***предложения***, в определённом порядке построенные слова, или сочетания слов, выражающие законченную мысль.

Таким образом, для того, чтобы что-то сказать, выразить какую-либо мысль, нужно в определённом порядке разместить слова, то есть произвести их «построение вместе», что звучит в том же греческом языке как *syntaxis*. *Syn* – значит «вместе», *tasso* – «ставлю в порядке».

Итак, получается, что ***язык*** - это ***система*** знаков (фонем, морфем, слов, предложений), которая является средством общения людей. Графически представить структуру языка можно так:

4. Синтаксический уровень

Предложение

3. Лексический уровень

Слово (лексема)

2. Морфологический уровень

Морфема (форма слова)

1. Фонетический уровень

Фонема

Речь

Понятие «Речь» трактуется С.И. Ожеговым так: ***речь*** - *способность говорить, говорение*. Т.Ю. Ефремова предлагает такое толкование: ***речь*** *– это способность выражать мысль словами, умение говорить.*

Недавно изданный в России, но ставший очень популярным Энциклопедический словарь «Культура русской речи» определяет речь как «линейно организованный в пространстве и времени процесс говорения, как способность к общению с помощью языка, навык осуществления коммуникативного замысла участников общения с помощью системно закреплённых единиц языка».[5]

Итак, речь – это ***деятельность***, вернее один из видов деятельности, наряду с другими видами человеческой деятельности, такими, например, как трудовая деятельность, познавательная, игровая и т.д. Как же организуется эта деятельность?

«Речи ... суть действия, происходящие между людьми», - говорил великий немецкий философ Гегель. В самом деле, для того чтобы произнести какое-либо речение, или, говоря словами науки, выполнить ***речевой акт*** или ***речевое действие***, мы должны знать **что** сказать, **как** это что-то сказать и **зачем** это что-то сказать. Иначе говоря, в структуре речевого акта можно выделить следующие составляющие его аспекты:

- аспект, который осуществляет ***целеустановку*** или ***интенцию*** говорящего, то есть, **зачем** «что-то» говорится. Назовём его ***прагматическим***[6] аспектом речевого акта.

- аспект, реализующий ***смысл*** высказывания, то есть **что** говорится. Назовём его аспектом ***смысловым***.

- аспект, реализующий само речение в произносительной (устной) или письменной форме. Это аспект, который ставит вопрос – **как** это «что-то» сказать или написать. И поскольку этот аспект предполагает обращение к выбору определённых языковых средств, он будет называться ***лингвистическим***.

---

[5] см. Культура русской речи: Энциклопедический словарь-справочник.

[6] Прагматический – от греч. *Pragma – дело, действенность.*

Давайте представим на каком-нибудь примере, как осуществляется речевое действие в жизни. В аудитории, например, идёт занятие по грамматике русского языка. Здесь находятся студенты-иностранцы, изучающие русский язык, и преподаватель.

Зачем пришли сюда студенты?

Ответ будет таков: получать грамматические знания по русскому языку и научиться их использовать в своей русской речи.

Зачем пришёл сюда преподаватель?

Соответственно, чтобы передать эти знания студентам и научить своих слушателей грамматически правильно строить русскую речь. Таким образом, у каждого из ***коммуникантов*** (общающихся людей), то есть – у ***адресанта***, которым является преподаватель, и ***адресата***, которым являются студенты, существует определённая цель или, как мы сказали выше, ***интенция*** в данном процессе общения. Так происходит реализация прагматического аспекта.

Студенты и преподаватель общаются. Они общаются не на рынке, не в поликлинике, не в театре, а в университете, в учебной аудитории. Поэтому объём и содержание получаемой от преподавателя смысловой информации будут очерчены здесь исключительно рамками учебной ситуации.

Соответственно заданной ситуации преподаватель для успешного, ***эффективного общения***, ориентированного на получение хороших результатов, будет подбирать необходимые материалы для занятия, включающие все средства – фонетические, лексические, морфологические, синтаксические, словом, все те средства, которые и составляют языковую систему.

Таким образом, человек, имеющий определённую цель в общении с кем-либо (см. ***прагматический аспект*** *речи*), находящийся в определённой ситуации (см. ***смысловой аспект*** *речи*) вынужден обращаться к услугам языка как инструмента (см. ***лингвистический аспект*** *речи*), помогающего человеку создать высказывание, то есть осуществить ***речевой акт*** в соответствии с целью, которую он перед собой ставит. Давайте посмотрим, как с помощью акта речи, равного одному предложению, и с помощью последовательности речевых актов, то есть текста, можно реализовывать в различных условиях, так называемых ***коммуникативных ситуациях***, разные прагматические цели – ***интенции***.

Пример №1

Реализация интенции «просьба» в порядке возрастающей категоричности:

- *Вы не могли бы дать мне эту книгу?*
  (нерешительная просьба, сопровождаемая очень мягкой просительной интонацией)

- *Дали бы вы мне эту книгу!*
  (тоже нерешительная просьба, дополненная мягким уговариванием)

- *Будьте добры, дайте мне, пожалуйста, эту книгу!*
  (прямая, но очень вежливая просьба, побуждающая собеседника сделать, то о чём его просят)

- *Может быть, вы дадите мне эту книгу?*
  (просьба в форме вопроса-предположения)

- *Я прошу вас, дайте мне эту книгу!*

(прямая, но уже более динамичная просьба, акцентирующая необходимость выполнения собеседником того, о чём его просят)

- *Да дайте же мне эту книгу!*
  (просьба, граничащая с требованием)

Теперь посмотрим, как один и тот же объект, в данном случае, орган зрения человека - **глаза** - получает разные наименования в зависимости от того, с какой целью говорящий человек обращается к обладателю этой выразительной части лица в зависимости от конкретной ситуации.

Пример №2

- «***Очи*** *чёрные,* ***очи*** *страстные,* ***очи*** *жгучие и прекрасные! Как люблю я вас, как боюсь я вас!*» (из русского романса) [выражение чувства восхищения, отношение влюблённого к любимой женщине];

- «*Посмотрите, как вам идёт это сочетание - темные* ***глаза*** *и светлые губы - и это очень модно*!»
  (из обычного разговора в салоне красоты) [выражение комплимента мастера по отношению к клиентке];

- «*Ну, чего ты вытаращил на меня* ***зенки*** *свои?*
  (из разговора на рынке) [грубое выражение чувства неприязни к незнакомому человеку].

А теперь в следующих примерах рассмотрим, как в развёрнутом высказывании - ***тексте*** **-** авторы представляют в соответствии со своей целью одну и ту же тему речи - **снег**.

Пример №3.

Текст А

Осадки

Снег *– твердые осадки, состоящие из сложных ледяных кристаллов (снежинок). Формы их разнообразны и зависят от условий образования. Основная форма снежных кристаллов – шестилучевая звезда. Звезды получаются из шестиугольных пластинок, потому что сублимация водяного пара наиболее быстро происходит на углах пластинок, где и нарастают лучи. На этих лучах, в свою очередь, создаются разветвления.*

Диаметры выпадающих снежинок могут быть очень различными (в среднем, порядка нескольких миллиметров). Снежинки при падении часто сливаются в крупные хлопья.

(статья из энциклопедии)

В этом тексте, как мы видим, представляется научная, объективная информация о такой разновидности атмосферных осадков как снег. Цель автора данной энциклопедической статьи состоит в том, чтобы наиболее полно раскрыть значение понятия «снег» с указанием на существенные признаки данного метеорологического явления. В соответствии с этим первая часть статьи подробно описывает структуру и форму составляющих снег ледяных кристаллов, во втором абзаце – информация об их размере.

Лексический состав статьи свидетельствует, во-первых, о преобладании слов в прямом номинативном значении: *формы, условия, разветвления, водяной пар, несколько миллиметров, крупные хлопья,* и, во-вторых, о наличии слов терминологического характера: *осадки, кристаллы, шестилучевая звезда*, *сублимация, диаметры.*

В синтаксическом отношении текст представляет собой ***описание*** явления «снег» с явным преобладанием номинативных описательных синтаксических конструкций, представляющих собой модели «Что – что», «что каково», и глагольных описательных конструкций с употреблением глагола в настоящем вневременном значении, указывающих на постоянное существование некоторых признаков: *формы зависят, звезды получаются, создаются разветвления.* Все указанные языковые средства наиболее характерны для сферы ***научного профессионального общения***, в данном случае – для общения в сфере науки метеорологии.

Текст Б

Много снега в городе – не беда!

*Уборка **снега** и очистка кровли от **снега** - основной сезонный вид деятельности компании Альпасити с 1998 года. Специализируясь исключительно на уборке **снега**, компания приобрела большой технологический опыт, сформировала действительно профессиональный коллектив, получила весомый ряд признаний со стороны крупных и известных организаций – заказчиков уборки **снега**. За это время нашей компанией обслуживалось более 500 объектов в Москве и ближнем Подмосковье.*

*Около 10 профессиональных полностью укомплектованных бригад проведут уборку **снега** в удобное для вас время, опытные менеджеры помогут выбрать оптимальную схему уборки вашего здания, современный парк **снего**уборочной техники позволит значительно сократить сроки уборки **снега**.*

(из рекламы)

Текст Б представляет сообщение о деятельности некой компании «Альпасити». Однако уже само название текста подсказывает нам, что речь в предлагаемом тексте пойдёт не только о том, что в городе много снега и что его обилие может создать проблемы, но, главным образом – демонстрирует **убеждённость** рекламодателей, выраженную словами *«не беда»,* в том, что они, очевидно, обладают какими-то особыми возможностями борьбы с обилием снега.

В первой части текста, как мы видим, располагается информация о том, чем занимается компания – это уборка снега и очистка кровель домов от снега. Но эта информация существенно дополнена таким важным компонентом, как ***оценка*** этой деятельности, которая выражается в следующем: автор подчёркивает, что компания

- специализируется *исключительно* на уборке снега, а это предполагает наличие высокого профессионального уровня в этой области;
- приобрела *большой* технологический опыт;
- сформировала *действительно профессиональный* коллектив;
- получила *весомый* ряд признаний.

Кроме того, автор сообщает, что заказчиками компании были очень известные и крупные столичные фирмы, а число 500, приводимое автором, должно убедить читателей в том, что это очень большое количество объектов, которые фирма обслужила. В этом абзаце вы не найдёте явно выраженного призыва обращаться в эту фирму по поводу уборки снега, но всё его содержание говорит вам о том, что представляющая себя компания надёжна и ей можно доверять. А поэтому во второй части текста даётся весь перечень услуг, которые может оказать компания. Но и здесь мы отмечаем компоненты ***оценки***: *профессиональные* бригады, *опытные* менеджеры, *современный* парк снегоуборочной техники, позволит *значительно* сократить сроки.

Итак, в задачи автора, как мы видим, входило сообщить о деятельности компании «Альпасити» и дать оценку этой деятельности, тем самым сделать непрямое предложение потенциальным заказчикам обращаться в случае необходимости в указанную компанию. Другими словами, ***целью*** или ***интенцией*** автора было убедить читателя в том, что фирма «Альпасити» поможет ему быстро и качественно решить все проблемы, связанные с уборкой снега, – такого рода тексты называются рекламными.

Тексты, в которых заложена авторская интенция ***сообщить*** и одновременно ***убедить*** читателя в чём-либо, то есть ***воздействовать*** на его сознание, создаются их авторами в сфере ***массово-агитационной*** или другими словами в ***публицистической*** сфере общения.

Текст В

Распоряжение

О ВНЕСЕНИИ ИЗМЕНЕНИЙ В ПОКАЗАТЕЛИ БЮДЖЕТА ГОРОДА МОСКВЫ НА 2001

РАСПОРЯЖЕНИЕ

МЭР МОСКВЫ

3 июля 2001 г.

N 618-РМ

В связи с утверждением расценок на зимнюю уборку ***снега*** *и его вывоз с территорий города:*

1. Внести изменения в раздел 9 приложения 1, в приложения 2 и 3 к распоряжению мэра Москвы от 6 марта 2001 г. N 192-РМ "О распределении бюджетных показателей, утверждённых

Законом города Москвы от 27 декабря 2000 года N 41 "О бюджете города Москвы на 2001 год", изложив их в редакции согласно приложениям 1, 2, 3 к настоящему распоряжению.

2. Внести соответствующие изменения в ведомственную структуру расходов на основании статьи 36 Закона городаcквы от 27 декабря 2000 г. N 41 "О бюджете города Москвы на 2001 год".

3. Департаменту финансов г.Москвы представить в установленном порядке предложения о внесении соответствующих изменений в Закон города Москвы от 27 декабря 2000 г. N 41 "О бюджете города Москвы на 2001 год".

4. Контроль за выполнением настоящего распоряжения возложить на министра Правительства Москвы, руководителя Департамента финансов г.Москвы Коростелева Ю.В.

Мэр Москвы *Ю.М.Лужков*

Распоряжение – это официальный документ, который представляет собой приказ – правовой акт, издаваемый единолично руководителем какого-либо органа коллегиального управления в целях разрешения оперативных вопросов. Этот текст в отличие от предыдущего характеризуется «сухостью» и подчёркнутой точностью изложения. Главная цель этого текста – **требование** выполнить необходимые в данный момент действия. В четырёх пунктах рассматриваемого распоряжения в форме инфинитива перечисляются конкретные действия, которые необходимо выполнить адресату текста:

- *внести* изменения в раздел 9 приложения 1 ... (1)
  внести соответствующие изменения в ведомственную структуру расходов... (2)

- *представить* в установленном порядке предложения...(3)
- *контроль* за выполнением настоящего распоряжения *возложить на... (*4)

Как видим, в тексте соблюдается особое расположение частей: первая строка этого документа – заголовок, состоящий из предлога *о* и существительного, называющего тему документа. Далее следует так называемая **констатирующая часть**, состоящая здесь из одного предложения и, наконец, **распорядительная**, о которой мы уже упомянули выше. Главная языковая черта текста №3 – это использование готовых языковых формул-клише или ***языкового стандарта.*** Конечно, ни о каком индивидуальном стиле автора не может быть и речи. Это документ. И стиль этого текста мы обязаны использовать в сфере ***официально-делового*** общения.

Текст Г

1) Первый снег

Шёл первый ***снег.*** *Он медленно падал, кружась в захватывающем танце при бледно – жёлтом свете фонаря. Январский ветер пел свою песню и подхватывал то одну, то другую снежинку, унося за пределы власти тусклого фонаря. Казалось, маленькие звёздочки спускаются на землю.*

Хотя нет, это не звёзды, это замёрзшие цветы. Их дарит кудесница-зима, как воспоминание о летних ярких клумбах. Холодные цветы. Они падают на ладонь и ... тают. Как быстро они тают! И их больше нет. Нет расписных узоров, нет больше причудливых орнаментов. И никто никогда не вспомнит о них.

Придя на короткий срок, они исчезают навеки…

Мы похожи на замёрзшие цветы. Так же как они, мы приходим из небытия ненадолго. Только с единственной разницей: Бог подарил нам жизнь, чтобы наши сердца оттаяли для Его любви. Лишь тогда мы не растворимся в небытии, лишь тогда мы станем живыми, оставляя след в жизнях других и даря радость окружающим.

(из прозаического художественного произведения)

2) Стихотворение «Первый снег в Петербурге»

Как ***снег*** *пушист, как падает бесшумно*
На белый свет безмолвных фонарей.
И город, обновлённый дышит юно,
Одетый в мантию волшебных королей...

(из поэтического художественного произведения)

Два этих текста существенно отличаются от всех предыдущих текстов. Если, например, в тексте (А) ставилась задача раскрыть содержание понятия «снег» путём указания на существенные признаки этого явления, то в обоих текстах (Г) - и прозаическом, и поэтическом - авторы стремятся создать при помощи языковых средств волшебную живописную картину первого снега. Для создания этой картины авторы находят слова, рисующие образ снега. В одном тексте - это и *маленькие звёздочки*, и *замёрзшие цветы* с *расписными узорами* и *причудливыми орнаментами*, а в другом тексте – снег – это *мантия волшебных королей*. Автор первого текста называет снежинки *замёрзшими цветами* и сравнивает их с человеком, с его жизнью. Автор второго текста сравнивает новый чистый и *пушистый снег* с юностью старого города. Как видим, перед нами – художественное описание. С такими текстами мы встречаемся тогда, когда читаем художественную литературу, когда погружаемся в ***сферу художественного творчества*** того или иного писателя.

Текст Д

Первый снег в Одессе

Первый ***снег*** *в Одессе – это тихий ужас!*

Лучше дождь, чем одесский ***снег****. Вы что, не знаете, во что* ***он*** *превращается? Напоминаю. Температура опускается до -3˚С, падает этот самый* ***снег****. Завалы, пробки, стихийное бедствие... Как всегда, неожиданно пришла зима.*

Снег *лежит два дня, за это время из белого превращается в грязно-серый. На третий день случаются обычные одесские температурные качели, и температура поднимается до +2˚С. Но* ***снега*** *выпало много, а +2˚ – это мало, и за день он весь растаять не успевает. Ночью температура опять падает в минус, и вся эта слякоть замерзает, образуя толстый непробиваемый слой льда. Который после этого благополучно лежит месяц. Гололёд, все ходят как пингвины, чтобы не поскользнуться. Куча падений и травм. В общественном транспорте потому - народу, как селёдок в бочке.*

А что делать? Пешком же не пойдёшь! Многие водители вообще предпочитают по такой погоде не садиться за руль. Нет уж, на фиг-на фиг этот первый ***снег****!*

(из текста Интернет-форума).

Читая последний текст, вы, наверное, обратили внимание на фразы-вопросы, которые автор обращает к воображаемому адресату.

Вы что, не знаете, во что он превращается?

А что делать?

Диалогичность – так называется отмеченная характерная черта рассматриваемого текста. ***Эмоциональность*** – другая характерная черта этого текста. Эмоционально насыщенным выступает уже первое предложение текста:

Первый снег в Одессе – это тихий ужас!

Прилагательное *тихий* и существительное *ужас,* объединяясь в словосочетание, создают так называемый ***оксюморон,*** то есть сочетание несочетаемых по смыслу элементов. Но по степени своей убедительности это очень сильное словосочетание. Если *ужас* в контексте этого предложения – это такое состояние, при котором у людей появляется чувство очень сильного изумления и даже страха, то *тихий ужас* – это состояние не просто сильного, а крайне сильного изумления, отягощённое безысходностью создавшегося положения. Вот что такое, по словам автора, первый снег в городе Одессе. Использованные в тексте средства, а также обилие ***разговорных*** и даже ***просторечных вариантов*** - *этот самый снег, температурные качели, температура падает в минус, куча падений, народу, как селёдок в бочке, на фиг-на фиг* – всё это говорит о том, что перед нами текст разговора, в котором участники обсуждают погоду, высказывают своё отношение к первым дням зимы в разных местах России и делятся впечатлениями от первого снега. Такие тексты характерны для повседневного общения дома, на улице, в транспорте, а также тогда, когда люди общаются друг с другом по Интернету, в так называемом чате.

Эту сферу общения принято называть ***сферой социально-бытового общения***.

Итак, ***речевой*** или ***коммуникативный*** акт, как мы видели, строится в зависимости от того, какую цель имеет говорящий или пишущий и в какой ситуации этот акт создаётся. Язык же предоставляет весь свой арсенал средств, из которого участники коммуникативного акта выбирают наиболее подходящие, то есть наилучшие варианты для выражения своих намерений.

Наука, которая учит нас, как **наилучшим образом** создавать речевые акты в разных сферах общения и есть стилистика.

Наука ***стилистика*** знакомит с принципами отбора существующих языковых средств, помогает овладеть способами использования этих средств в создаваемой нами и устной, и письменной речи. Таким образом, принципы и правила отбора языковых средств, их оптимальное использование для достижения цели общения и оказания планируемого воздействия на адресата составляют ***предмет*** стилистики.

Стили языка и стили речи

Понятие ***стиль***, о происхождении которого мы уже говорили в начале этой главы, является **центральным понятием** современной стилистики, науки многоаспектной и многомерной.[7]

---

[7] В рамках современной стилистики выделяются такие её аспекты, как функциональная стилистика, стилистика языковых изобразительных средств, прагмастилистика, ортостилистика.

Как и сама наука стилистика, понятие ***стиль*** также многогранно. Различные авторитетные научные источники представляют, как правило, не менее пяти значений этого понятия. Термином ***стиль*** обозначается:

- **индивидуальная манера исполнения** речевых актов, например, *стиль вашего выступления на собрании, язык и стиль ранних стихов М.Ю.Лермонтова*;

- **общепринятая манера исполнения**, обычный способ исполнения какого-либо конкретного типа речевых актов, например, *научная лекция*, *судебная речь*;

- **языковая парадигма эпохи** (состояние языка в стилевом отношении в данную эпоху), например, *« в Стиле русского литературного языка 1-ой половины 19 века»*;

- **стиль языка** - разновидность языка, закреплённая в данном обществе традицией за одной из наиболее общих сфер социальной жизни и частично отличающаяся от других разновидностей того же языка по всем основным параметрам – лексикой, грамматикой, фонетикой, например, *нейтральный стиль*, *книжный* (более «высокий») *стиль*, *разговорный* (более «низкий» или фамильярно-разговорный или разговорно- просторечный);

- **функциональный стиль**, разновидность литературного языка, в которой язык выступает в той или иной социально значимой сфере общественно-речевой практики, например, *официально-деловой стиль*, *научный стиль*.[8]

Актуальными для нашего изложения в рамках общего знакомства с основными понятиями стилистики являются два последних определения - ***стиль языка*** и ***функциональный стиль***. В научной литературе термин ***функциональный стиль*** часто употребляется в сочетании со словом «речь» - ***функциональный стиль речи***. Для краткости мы будем пользоваться термином - ***стиль речи***.

Стили языка:	**Стили речи**:
- книжный	- научный
- нейтральный	- публицистический
- разговорный	- официально-деловой
	- разговорный
	- литературно-художественный

Как видим, термин *разговорный* встречается дважды. Как пишет Д.Э. Розенталь, термин этот понимается двояко. Такое терминологическое совпадение, к сожалению, очень неудобно при изучении русского языка. Поэтому не случайно в качестве синонима функционального разговорного стиля предпочтительнее пользоваться терминами – *разговорно-обиходный стиль* или *разговорная речь*.

[8] см. подробно об этом: Лингвистический энциклопедический словарь (ЛЭС), С. 494, 567.

Три стиля языка существуют во всех современных развитых национальных языках и используются для описания лексики. В словарях вы можете встретить пометы *разг.*, *сниж.*, *высок.*(*книжн.*). Нейтральный стиль пометами никак не обозначается.

Приведём примеры для иллюстрации представленной выше таблицы:

Стили языка:

- ***Книжный стиль***

И жало мудрыя змеи
В уста замершие мои
Вложил **десницею** *кровавой...* [А.С.Пушкин].

В ***руце*** *твои предаю дух Мой* [Евангелие от Луки].

- ***Нейтральный стиль***

У неё уже полгода болит **рука**.

Я взял её холодные **руки** *и целовал их* [В.М.Гаршин].

- ***Разговорный стиль***

Вот так **ручища**, *- сказал Флак* [А.Грин].
Не трогай меня **рукам-то** *своим*! [из разговора] (здесь диалектная форма Тв.п. – вместо **руками**).

Стили речи:

- ***Разговорно-обиходный*** (разговорно-бытовой, разговорная речь, разговорный язык). Текст «Первый снег в Одессе» мы отнесём к этому стилю.

- ***Литературно-художественный*** (стиль художественной литературы, язык художественной литературы). Тексты «Первый снег» и «Первый снег в Петербурге» - относятся к этому стилю.

- ***Научный*** (язык науки). В этом стиле выполнен текст «Осадки».

- ***Официально-деловой*** (деловой). Этому стилю принадлежит текст «Распоряжение».

- ***Публицистический*** (газетно-публицистический, язык средств массовой коммуникации). Текст-реклама «Снег в городе – не беда!» представляет собой пример реализации этого стиля.

И в стилях языка, и в стилях речи присутствует один общий **признак**: стиль **всегда** характеризуется **принципом отбора** и **комбинирования наличных языковых средств -** *фонетических*, *лексических*, *морфологических*, *синтаксических*, всех тех единиц языка, которые, как мы знаем, и составляют его систему.

Изучению лексических, морфологических и синтаксических средств русского языка, обладающих стилистическим зарядом, уделяется особое внимание в программных курсах по «Стилистике русского языка» для иностранцев, изучающих русский язык в России. Центральное место в этих курсах занимают такие разделы этой науки как «Лексическая стилистика», «Грамматическая стилистика (стилистика частей речи)», «Синтаксическая стилистика». Фонетической стилистике, к сожалению, должного внимания не оказывалось.[9]

[9] В связи с этим необходимо отметить единственное пособие для иностранцев – учебник А.Н.Васильевой «Курс лекций по стилистике русского языка».

СТИЛИСТИЧЕСКИЕ РЕСУРСЫ ФОНЕТИКИ

Стилистические варианты русского произношения

Многие из вас, приехав на стажировку в Россию и проучившись некоторое время, с первых же дней замечали, что на занятиях с преподавателем вы всё или почти всё понимаете, а, оказавшись в университетском коридоре, на улице, в транспорте, в магазине – улавливаете только обрывки отдельных фраз, отдельные знакомые слова.

Одна из главных причин этого явления – это **особые способы** произнесения и произношения слов, словосочетаний и предложений, **которыми** пользуются носители русского языка - представители самых различных социальных слоёв и сфер деятельности. Учёные-фонетисты в связи с этим явлением выделяют следующие понятия:

а) понятие ***стиля произнесения***;

б) понятие ***стиля произношения***.

Однако прежде чем перейти к толкованию этих стилей, специально отметим, что ***произношение*** и ***произнесение*** – принципиально разные понятия.

Произношение – это особенности артикуляции звуков речи, то есть особенности движения произносительных органов во время речи, а также положение этих органов, необходимое для произнесения звуков в каждом конкретном языке. Например: *московское произношение, петербургское произношение*.

Произнесение - это сам процесс осуществления «действия» по значению глагола *произнести*. Например: *правильное произнесение русского звука «р» в словах Корея и Россия*; *различное произнесение корейских звуков* «ㅗ» и « ㅓ » *в слове* 오징어.

Обратимся сначала к ***стилям произнесения***. Их два:

1) Стиль произнесения, называемый ***неполным***;

2) Стиль произнесения, называемый ***полным***.

Стили произнесения

Стиль неполного произнесения.

Этот стиль свойствен ситуациям разговорно-обиходной сферы общения людей. В процессе такого общения русскоговорящие не задумываются о тщательности артикулирования звуков, говорят обычно в быстром темпе[10] и при этом некоторые звуки слов либо не произносятся вовсе, либо очень сильно ***редуцируются***. Вот несколько примеров из диалогов (слова в стиле неполного произнесения выделим жирным шрифтом):

- [У **тя щас ккой** урок **буит**]?

  У тебя сейчас какой урок будет?

- [У **мня сёнь тока** физра ищё].

  У меня сегодня только физра (физкультура) ещё.

- [**Тёть Маш**]! [**Скажить, пажалста, када** дожжик по **телику бищали**]? [**Сёдни**]?

  Тётя Маша! Скажите, пожалуйста, когда дождик по телеку (по телевизору) обещали? Сегодня?

[10] А.Н.Васильева различает три темпа произнесения: средний, убыстрённый и замедленный темпы. См. об этом А.Н.Васильева «Курс лекций по стилистике русского языка», с. 115.

- [**Танюш**], [А я **вапще ничо** ни сматрела фчира]. [**Глава прям** с утра разбалелась]!
  Танюша! А я вообще ничего не смотрела вчера. Голова прямо с утра разболелась!

Вот в качестве примеров варианты произнесения некоторых повседневно-обиходных слов:

Здравствуйте – *здрасьте*, *дасьте*, *драсьте*, *здрась*, *драссь*, *засссте*, *зассе*, *зас* (здесь звучит очень короткий *а*).

Пожалуйста – *пожалуста*, *пожалста*, *пожалс*, *пжалс.*

Конечно – *кнешно*, *конешн*, *кэшно.*

А вот пример из детского стихотворения, в котором дети обращаются к своей воспитательнице дружески-вежливо так:

- *Анна* ***Ванна*** (Ивановна)*, наш отряд хочет видеть поросят* (С.Я.Маршак)[11].

В ситуации непринуждённого, дружеского общения с близким человеком вы можете использовать вариант неполного произнесения имени-отчества. Например:

Александр Александрович – Сан Саныч;
Павел Павлович – Пал Палыч;
Иван Иванович – Ван Ваныч;
Татьяна Ивановна – Татьян Ванна и т.д.

Как часто используется стиль неполного произнесения в современном русскоязычном обществе? М.В. Панов, известный российский фонетист, писал, что в определённых условиях общения,

[11] Самуил Яковлевич Маршак (1887-1964) –известный детский писатель, поэт.

когда нужна именно **непринуждённая, лишённая официальности** бытовая речь, все лица пользуются таким стилем. При этом говорящие даже не замечают этого. Панов предполагает, что если такую речь записать на плёнку и потом продемонстрировать её говорящим, то они не узнают свое произношение и станут уверять, что они владеют литературными нормами и что подобное произношение невозможно. (См. об этом: Русский язык и советское общество. Фонетика современного русского литературного языка. - М., 1968.- с.106).

Однако стиль неполного произнесения, используемый лицами, владеющими литературным произношением, следует отличать от манеры элементарной небрежности произнесения или даже невладения навыками русской артикуляции. О таком явлении великий русский режиссёр Константин Сергеевич Станиславский[12] сказал так:

« Когда у некоторых людей от вялости или небрежности слова слипаются в одну бесформенную массу, я вспоминаю мух, попавших в мёд». Станиславский говорит здесь о небрежном отношении к ***дикции***.[13] Такая манера говорить, конечно, тоже несёт определённую информацию о говорящем. Обладатель подобной речи либо не заботится о том, чтобы его правильно понимали, произнося слова «вяло и небрежно», либо заведомо демонстрирует по разным причинам своё отношение, чаще отрицательное, к собеседнику.

Р.И. Аванесов в своей книге «Русское литературное произношение» пишет: «Общественная практика ... не терпит вялой, нечёткой артикуляции, произнесения «сквозь зубы», пропуска отдельных звуков, «комканья» отдельных частей слова. Правильное произношение

---

[12] Станиславский Константин Сергеевич (1863 -1938) – выдающий русский режиссёр, автор знаменитой системы актёрского мастерства (системы Станиславского).

[13] Дикция в переводе с латинского - dictio, означает чёткое и ясное, чистое и безукоризненное произнесение отдельных звуков, слов, фраз. О дикции подробнее см. в части III «Риторика».

не должно искажаться плохой дикцией». К сожалению, приходится отметить, что в последние годы особенно часто в речи молодых россиян можно наблюдать именно такую небрежную манеру произнесения. Поэтому неслучайно в России с 2000 года во всех средних и высших учебных заведениях в новом обязательном курсе «Русский язык и культура речи» изучается раздел «Техника речи», в котором много внимания уделяется именно выработке правильного произнесения отдельных звуков русского языка, то есть отработке дикции. В нашем учебнике вопросы техники речи рассматриваются в части III - «Риторика».

В какой степени иностранцы должны знать о стиле неполного произнесения и надо ли им овладевать? Считаем, что вам необходимо изучать особенности такого произнесения, в первую очередь для того, чтобы выработать навыки правильного восприятия и понимания русской звучащей речи. Надо ли им активно овладевать? Полагаем, что после того, как вы освоите стиль полного произнесения, а, научившись говорить по-русски в быстром темпе, вы так же, как и русские, автоматически овладеете и стилем неполного произнесения. Однако в какой степени в реальной ситуации наиболее уместно пользоваться этим стилем – решать вам.

Стиль полного произнесения

Стиль полного произнесения, в отличие от неполного, характеризуется отчётливостью и тщательностью проговаривания отдельных звуков. Говорящий полным стилем человек чётко и ясно произносит большинство звуков. При таком произнесении слово, как говорил Лев Владимирович Щерба,[14] приобретает «идеальный фонетический состав». Нет сомнений, что на занятиях русского языка, особенно в начале вашей стажировки в России, российские преподаватели пользуются именно этим стилем произнесения.

Таким образом, стиль полного произнесения говорящий обязан использовать тогда, когда существует необходимость в максимальном понимании сказанного. Несоблюдение этого требования порой приводит не только к серьёзным коммуникативным, но и финансовым неудачам. Так, по рассказу одного из российских бизнесменов, из-за того, что секретарь весьма уважаемого предприятия не смогла отчётливо и ясно сообщить ему по телефону необходимую информацию, была потеряна очень ценная возможность участия этого бизнесмена в разработке большого и важного проекта.

Конечно, при полном стиле произнесения практически невозможен быстрый темп речи. Более того, в некоторых коммуникативных ситуациях говорящий **намеренно** замедляет темп речи, усиливая тем самым чёткость произнесения. Вот, в основном, примеры такого произнесения:

- *- Прости меня, пожалуйста, прости!*
  - Ни-ко-гда!!!
  (Здесь говорящий использует замедленно-рубленый темп, демонстрируя непреклонность своего решения.)

- *- Ты понимаЕшь, [шш]то ты нАделал?*

[14] Щерба Лев Владимирович (1880-1944) – выдающийся русский учёный-лингвист.

(не редуцируются орфографические Е и А, удлиняется согласный [ш], в данной ситуации говорящий выражает крайнее недовольство в форме вопроса, на который он не ждёт никакого ответа.)

- *- Р-р-разойдись!*
  (Произнесение согласного [р] с долгим затвором в глаголе-императиве используется говорящим, обладающим особыми полномочиями, в данном случае полномочиями командира)

- *- Не-е-т, я не жела-а-а-ю ничего об этом слы-ы-шать!!!*
  (Усиленное удлинение ударных гласных [е], [а], [ы] – при капризном темпе произнесения, часто свойственном женщинам.)

В реальной устной речи стили полного и неполного произнесения могут чередоваться, переплетаться в зависимости от условий речевого общения и от целей говорящих.

Стили произношения

В соответствии со стилями языка выделяются три стиля литературного произношения: ***высокий, разговорный и нейтральный***. (Аванесов, с.31)[15]

Каковы характерные черты всех этих стилей?

Высокий стиль

Для русского ***высокого стиля произношения***, в основном, характерны:

[15] см. Аванесов Р.И. Русское литературное произношение.

1. Правильное проговаривание звуков и звукосочетаний в словах, предложениях и текстах.

2. Полный стиль произнесения.

3. Отсутствие в отдельных случаях редукции безударных гласных.

Так, например, в некоторых словах иноязычного происхождения на месте буквы ***о*** произносится не редуцированный ***а*** [^] или [**ъ**] в соответствии с фонетическими законами русского языка, а [**о**]:

*Б**о**á, б**о**мóнд, б**о**рдó, д**о**сьé, н**о**ктю́рн, п**о**ртфóлио, п**о**э́т, п**о**э́зия, п**о**э́ма, с**о**нéт, ф**о**йé, ф**о**рпóст, ш**о**ссé* (в первом предударном слоге).

*Б**о**лерó, м**о**дерáто, п**о**этéсса, р**о**к**о**кó* (во втором предударном слоге).

*Адáжи**о**, ариóз**о**, вéт**о**, какá**о**, капри́ччи**о**, крéд**о**, маэ́стр**о**, мéцц**о**, рáди**о**, рéтр**о**, сопрáн**о**, три́**о*** (в заударном слоге).

В иноязычных именах собственных: *Б**о**длéр, Дж**о**рдáн**о** Бру́н**о**, В**о**льтéр, З**о**ля́, Кару́з**о**, К**о**э́льо, М**о**пассáн, Н**о**страдáмус, **О**н**о**рé де Бальзáк, Р**о**дéн, Си́льви**о**, Ш**о**пéн.*

4. ***Еканье,*** то есть произношение звука [**е**] на месте безударных гласных букв ***е, я*** (такое произношение было характерным для русского сценического произношения). Например, в словах: [н'е]*дéля*, [в'ес]*нá*, [з'ем]*ля́*.

Высокий стиль произношения становится совершенно необходимым в таких коммуникативных ситуациях, когда говорящему необходимо говорить о вещах духовных, о возвышенном, благородном.

Таков, например, стиль произношения молитвы на русском языке. Ощутить высокий стиль можно, сравнив два текста одной и той же молитвы, один из которых написан на современном русском языке, в его нейтральном варианте (1), другой – с элементами старого, церковнославянского языка (2):

1. *Отче наш! Сущий на небесах!*
   Да святится имя Твоё!
   Да придёт царствие Твоё;
   Да будет воля Твоя и на земле, как на небе;
   Хлеб наш насущный дай нам на сей день;
   И прости нам долги наши, как и мы прощаем должникам нашим;
   И не введи нас в искушение, но избавь нас от лукавого.
   Ибо Твоё есть Царство и сила и слава во веки. Аминь.

2. *Отче наш! **Иже** **еси** на **небесех**!*
   *Да святится имя **Твое**, да **приидет** Царствие **Твое**,*
   *Да будет воля Твоя, **яко** на **небеси** и на **земли.***
   *Хлеб наш насущный **даждь** нам **днесь***
   *И **остави** нам долги **наша**, **якоже** и мы оставляем **должником** нашим,*
   *И не введи нас **во** искушение, но **избави** нас от **лукаваго**,*
   ***Яко** **Твое** есть Царство и сила и слава во веки. Аминь.*

Все выделенные и подчёркнутые слова и части слов во втором тексте – церковнославянские и характерны для высокого стиля языка. Естественно, что в своём звучании они должны соответствовать требованиям высокого стиля произношения.

Разговорный стиль

Стиль разговорного произношения свойствен, как об этом свидетельствует его название, сфере разговорно-бытового общения. Дома, в гостях, в телефонных разговорах с друзьями и родственниками при произношении устных текстов – диалогов и монологов, используются элементы этого стиля.

Каковы же особенности ***стиля разговорного произношения***?

- В речи людей, **владеющих литературным русским языком**, отмечаются:

1. Соблюдение правил в произношении слов, словосочетаний, предложений, текстов в соответствии с нормами русской речи.

2. Уместное, то есть соответствующее определённой ситуации использование ***полного*** или ***неполного стиля произнесения.***

3. ***И́канье*** - принятый в качестве нормы вариант произнесения звука, близкого к [и] - [**и**^{е}] на месте букв ***я***, ***е***. Например: [н'**и**^{е}]*деля*, [в'**и**^{е}]*сна*, [з'**и**^{е}м]*ля*.

- В речи людей, **не владеющих литературным русским языком** можно отметить:

1. Несоблюдение существующих правил в произношении слов, словосочетаний, предложений, текстов. Вот наиболее характерные примеры этого:

- вставка лишних звуков: звук *д* в слове *почерк – подчерк*, звук *н* в слове *дерматин - дермантин,* звук *ю* в слове *будущий - будующий* и др.
- замена звуков: употребление звука *л* вместо *р*: *лаболатория* вместо *лаборатория, займ* вместо *заём, афёра* вместо *афера* и др.
- перестановка звуков: *полувер* вместо *пуловер, беллютень* вместо *бюллетень* и др.
- произнесение твёрдого согласного вместо мягкого: *к[**р**]э́м* вместо *к[**р'**]ем, бе[**рэ́**]т* вместо *бе[**р'э́**]т, ко́[**фэ**]* вместо *ко́[**ф'**]е;*
- произнесение *[**ц**]* вместо *[**т'**]* : *да́й[**ц**]е* вместо *да́й[**т'**]е*; *[**дз'**]* вместо *[**д**]*: *пой[**дз'**]ём* вместо *пой[**д'**]ём.*

2. Как правило, ***неполный стиль произнесения*** в большинстве слов и словосочетаний.

3. Диалектное произношение:

- ***«Оканье»*** (отсутствие необходимой редукции в словах типа *доро́га – д[**о**]р[о́]га **(вместо** д[^]ро́га, хорошо́ – х[**о**]р[**о**]шо́* (вместо *х[**ъ**]р[^]шо́**)**.*
- ***«Еканье»*** (произнесение звука [**е**] на месте букв **а**, **я**: *ч**а**сы́ – ч[**е**]сы́* вместо *ч[**и**ᵉ]сы́, **я**по́нский – [**е**]по́нский вместо [**jи**ᵉ]по́нский*).
- ***«Яканье»*** (произнесение звука [**'а**] после мягких согласных на месте буквы **е**: *дере́вня – [д'**а**]ре́вня, принесу́ – при[н'**а**]су́.*

Нейтральный стиль

В отличие от высокого, академического стиля произношения и разговорного ***стиль основного*** или ***нейтрального произношения*** не обладает какими-либо ярко выраженными особенностями. Это, по словам академика Аванесова, «стилистически неокрашенный» способ произношения. С помощью этого стиля оформляется та часть наших устных текстов, которые мы произносим в ситуациях делового, социально-бытового общения, общения с незнакомыми людьми обычно с целью либо передачи информации, либо получения её.

Однако для этого стиля, также как и для высокого, характерно соблюдение всех существующих правил. Поэтому не случайно в ставшем уже классическим учебнике Р.И. Аванесова «Русское литературное произношение» описываются черты именно этого стиля.

Кроме того, нейтральный стиль произношения выступает в речи в качестве фона, оттеняющего стилистически окрашенные два других стиля – высокий и разговорный. Например:

н[ʌ]ктю́рны Ш[ʌ]пе́на (нейтральный стиль)	и	*н[о]ктю́рны Ш[о]пе́на* (высокий стиль)
п [ʌ]э́зия Ап[ʌ]ллине́ра (нейтральный стиль)	и	*п[о]э́зия Ап[о]ллине́ра* (высокий стиль)
когда́ [кʌгда́] (нейтральный стиль)	и	*[кʌда́]* (разговорный стиль)
ба́бушка [*ба́бушкъ*] (нейтральный стиль)	и	[*ба́ушкъ*] (разговорный стиль)

Очевидно, что овладеть всеми тремя стилями русского произношения – непростая задача для иностранцев, изучающих русский язык.

Необходимо ли изучающим русский язык как иностранный знать особенности всех вариантов русского произношения и даже, например, диалектного? Думается, да. Картина вашего представления о русском языке без знакомства, хотя бы, общего, с существующими на огромной территории России диалектными вариантами произношения, будет, конечно, неполной. Кроме того, оказываясь в различных регионах России, вам неизбежно придётся слышать эти варианты в устной речи местных жителей. На формирование вашего произношения диалекты не должны оказывать решительно никакого воздействия. Но знание русского произношения во всём его многообразии поможет вам достичь **полного понимания** в процессе реального общения или чтения произведений русской художественной литературы, в которой встречается немало диалектных вариантов и даже вариантов-нарушений произносительных норм.

СТИЛИСТИЧЕСКИЕ РЕСУРСЫ ИНТОНАЦИИ

Интонация

Интонация (от латинского слова *intonatio*: *intono* – громко произношу) - одно из средств организации звучащей речи и выражения в ней тончайших смысловых, эмоционально-экспрессивных и стилистических оттенков. Интонация представляет собой единство взаимосвязанных компонентов, таких как:

- **мелодика** (изменение тона голоса по высоте; сравните, например, произнесение повествовательного и вопросительного русских предложений);

- **интенсивность** (сила, громкость произношения отдельных слогов или слов). Например, сравните произнесение фраз в комнате, в которой спит ребёнок, и в вагоне метро);

- **темп речи**, то есть скорость произнесения слов, предложений в единицу времени и продолжительность пауз между речевыми отрезками (сравните речь замедленную и произнесённую скороговоркой);

- **тембр произнесения**, то есть звуковая окраска, придающая речи эмоционально-экспрессивные оттенки (например, говорят о «приятном» тембре, «благородном» тембре, низком и высоком тембрах.)

Благодаря динамическому характеру этих компонентов и всей их совокупности интонация выступает в качестве сильного и богатого ***грамматического*** и ***экспрессивно-стилистического средства*** в оформлении звучащей речи.

Типы интонации

Исследователи различают три типа интонации: ***грамматическую***, ***логическую*** и ***эмоционально-экспрессивную***.[16]

Грамматическая интонация.

Грамматическая или синтактико-синтагматическая интонация связана обычно с порядком слов и с определённым синтаксическим членением предложения на синтагмы. ***Синтагма*** – это интонационное целое, состоящее из одного слова, группы слов или предложения и выражающее в данном контексте законченную или относительно законченную мысль. Например:

- *Интересно, / какая сейчас погода на Байкале?*
- *Я объясню вам, / как доехать до станции «Университет Ханкук»./ Это недалеко./*

В представленных примерах формально-грамматическое членение и ритмико-интонационное совпадают. Такое членение в большей степени характерно для книжно-письменных стилей. Например, следующий отрывок из текста, предназначенный для чтения в качестве информационного сообщения на телевидении, будет делиться на синтагмы в соответствии с формально-грамматическим членением таким образом:

[16] см. об этом : Васильева А.Н.; Бондалетов В.Д. и др

Донецкий областной совет/ своим решением/ учредил сегодня региональный праздник/ – День русского языка./ Отмечаться он будет 6 июня/ в день рождения великого русского поэта/ Александра Сергеевича Пушкина./ «Этот праздник,/ - сказал председатель комиссии облсовета по вопросам культуры, /духовности/ и поддержки средств информации Марк Бровун, /- мы учреждаем,/ чтобы защитить конституционные права и свободы населения русскоговорящего региона,/ создания необходимых условий /для полноценного функционирования русского языка во всех сферах общественной жизни»./ Ранее/ аналогичное решение/ приняли депутаты областного совета Харьковской области./ Кроме того, в Донецкой,/ Луганской,/ Николаевской и Харьковской областях,/ а также в городах Донецке,/ Днепропетровске, / Луганске, / Николаеве, / Севастополе и Харькове/ русский язык назван региональным./

Этот отрывок, принадлежащий публицистическому стилю речи, следует произносить в замедленном темпе, в ровном ритме, с равномерными подъёмами и понижениями голоса. Подчёркнутые слова в каждой синтагме указывают место ударения в синтагме. Как видите, обычно это ударение падает на последнее слово синтагмы, если в ней содержится несколько слов.

Логическая интонация.

Основным средством логической интонации является ***логическое ударение*** – частное ударение, выделяющее наиболее важное в данном высказывании слово. Константин Сергеевич Станиславский назвал логическое ударение «указательным пальцем», отмечающим самое важное слово в предложении или такте. В практике овладения русским языком иностранцами изучение логического ударения, как важного элемента интонационно-смысловой выразительности устной речи, имеет большое значение.

И если носители русского языка в повседневной речи обычно опираются на интуицию, то иностранцу приходится, овладевая знаниями в области логической интонации, вырабатывать навыки в использовании логического ударения, стараясь соответственно интенции и ситуации общения правильно выражать свою мысль, не допуская ошибок.

Так, на вопрос *Ты написал доклад?* мы можем получить как минимум три ответа: 1. *Да, я.* 2. *Да, написал.* 3. *Нет, статью.* Вопрос, как видно из примера, необходимо произнести в трёх вариантах, выделяя с помощью логического ударения подчёркнутые слова:

1. ***Ты*** *написал доклад?*
2. *Ты* ***написал*** *доклад?*
3. *Ты написал* ***доклад***?

Логическая интонация используется для оформления высказываний во всех стилях русского языка. Вот пример из официально-делового стиля:

Несколько слов о целях и мерах, предусмотренных национальным проектом «Образование». России нужна конкурентоспособная образовательная система. В противном случае мы столкнёмся с реальной угрозой отрыва качества образования от современных требований. Необходимо в первую очередь поддержать те высшие учебные заведения, которые реализуют инновационные программы, в том числе путём закупки для вузов новейших отечественных и зарубежных образцов оборудования (из Послания президента В.В. Путина Федеральному Собранию от 10 мая 2006 года).

А это пример хорошо знакомого в Корее стихотворения А.С. Пушкина (стиль художественной литературы):

Если жизнь тебя обманет,
Не печалься, не сердись!
В день уныния смирись:
День веселья, верь, настанет.
Сердце в будущем живет;
Настоящее уныло:
Всё мгновенно, всё пройдёт;
Что пройдёт, то будет мило.

Эмоционально-экспрессивная интонация.

Этот тип интонации служит средством выразительного эмоционального и экспрессивно-оценочного отношения говорящего к предмету своего высказывания или к адресату своей речи, или к самому себе и своему высказыванию. Посмотрите, как в разных речевых актах, принадлежащих разным стилям, реализуется этот тип интонации:

1. «*Поехали!*» - с ***радостью*** и ***восторгом*** *произнёс Юрий Гагарин за секунду перед взлётом 12 апреля 1961 года.*

(из газетной статьи)

2. « - *Нам денег не жалко,* - ***твёрдо*** *сказал один из молодых людей.*
- *У нас их нет,* - ***скорбно*** *добавил другой. Искренность интонаций ранила доброго старика».*

(из рассказа Александра Вампилова «Железнодорожная интермедия»)

3. «*И губы его* ***горько*** *прошептали*:
Ах, Небо плачет! Это Небо плачет!»

(из стихотворения Ко Уна «Небесный плач»,
перевод А. Мурана)

4. «- *Любишь жену? – спросил Воронов.*
- *Ну как же не любить? – сказал Васька* ***радостно*** *и* ***удивлённо***.
- *Вы же видели, какая она!...*»

(из рассказа Юрия Нагибина «Молодожён»)

5. *«Валентина* (***с презрением, не оборачиваясь***): *Ко мне больше не подходи ... Уезжай отсюда ...»*

(из пьесы Александра Вампилова
«Прошлым летом в Чулимске»)

Как видно из приведённых примеров, каждое высказывание создаётся с помощью различных интонационных средств, выражающих самые разные чувства – от *радости* до *презрения*. Такой широкий диапазон интонационного оформления наиболее характерен, конечно, для речи разговорной. В деловой и научной речи использование экспрессивных и оценочных оттенков интонации предельно ограничено. Здесь господствует рационально-логический тип интонирования. В этих сферах общения речь представляет собой прежде всего информационный обмен. Эмоции в деловом общении, особенно отрицательные, должны быть исключены. Положительные же оценки выражаются, как правило, в нейтральном типе интонирования. Например, как в этом тексте-представлении нового сотрудника:

Представляю вам нашего нового коллегу. Выпускник Московского физико-технического института, обладатель красного диплома и победитель нескольких математических конкурсов – Андрей Цицинский

В этом деловом представлении исключены оценки, кратко даются только некоторые факты биографии человека. Адресант должен проговорить данный текст в ровном спокойном темпе с использованием нейтрального стиля произношения.

Количество вариантов и вариаций эмоционально-экспрессивных типов интонации в русской разговорной речи чрезвычайно велико. Так, например, только слово-местоимение *ты* можно произнести в 143 различных вариантах![17]

[17] см. об этом: Артёмов В.А. Психология обучения иностранным языкам. - М., 1966. – С.189-190.

БЛАГОЗВУЧИЕ РУССКОЙ РЕЧИ

Понятие благозвучия и неблагозвучия в русской речи

«Написанное должно быть удобочитаемо и удобопроизносимо – таков был древний постулат, высказанный ещё Аристотелем.[18]

Древнегреческое слово ***эвфония*** от греческого слова *eu* – «хорошо» и *phone* – «звук» означало свойство, требующее приятного для слуха и удобного для произношения сочетания звуков.

Русский термин, означающий это свойство, соответствует по форме греческому: *благо* – «хорошо» и *звучие* – от слов «звучать», «звучание» - ***благозвучие, благозвучность***. Противоположное значение имеет термин ***неблагозвучие*** или ***kakophonia*** (от греч. *kakos* – «плохой», «дурной», «негодный» и *phone* – «звук») – неприятное, некрасивое звучание.

И.Б. Голуб, автор хорошо известного в России учебника «Стилистика русского языка» пишет: «Каждый национальный язык имеет свою неповторимо индивидуальную фонетическую систему, которая говорящим на этом языке представляется самой удобной. Для русского человека, например, благозвучна пушкинская строка *«У лукоморья дуб зелёный...»*; здесь нет труднопроизносимых сочетаний звуков, короткие слова чередуются с длинными, интонация гармоническая, плавная.

Неблагозвучны, например, такие строки: *«Вдруг взгрустнулось другу: вскоре снова встретит он врага»*. Нанизывание слов с

---

[18] Античные теории языка и стиля: Антология текстов. - Санкт-Петербург, 1996. – С.180.

неблагозвучными сочетаниями *вдр*, *взгр, вск*, *встр* затрудняет их произнесение; неоправданное повторение одних и тех же звуков [у], [в], [р], а также подобных [д], [т] и [з], [с] навязчиво и неприятно; вызванная переносом пауза после первой строки лишает речь плавности».[19]

Способы достижения благозвучия речи

Итак, каковы же с точки зрения носителей русского языка и лингвистической науки характерные способы достижения благозвучия русской речи? Их несколько:

1. Чередование согласных и гласных звуков в словах.

Одним из примеров такого чередования в начале и середине слова являются двучленные и трёхчленные сочетания согласных, которые строятся по принципу восходящей звучности слога: шумный согласный + сонорный: ***др**ама*, ***сл**оварь*, ***см**ена,* ***вн**ук*; и *на**правл**ение*, *пере**см**отреть, ру**чн**ой;* ***стр**ела*, ***спл**ясать,* ***взм**орье,* ***взн**ос.*

Нарушение такой последовательности или увеличение количества согласных до четырёх и более уже приводит к неблагозвучию: ***всп**отеть,* ***вскл**окочить, о**тмщ**ение.*

Подобное скопление согласных звуков чаще всего встречается в заимствованных словах, в нерусских именах и фамилиях или географических названиях: *ги**нкг**о* (название дерева), *ки**мчх**и* (корейское блюдо), *Бра**ндт*** (немецкая фамилия), *Чага**льчх**и* (географическое название).

[19] Голуб И.Б. Стилистика русского языка.- М.: Рольф; Айрис-пресс, 1997. – с.156.

Как вам известно из фонетического курса русского языка, при скоплении согласных звуков в некоторых (не во всех!) словах происходит выпадение одного из звуков[20]. Такие звуки называются **непроизносимыми согласными**. Вспомните рекомендации произношения таких слов как *здравствуйте – здра[ст]вуйте, счастливый – сча[сл']ивый, честный - че[сн]ый, сердце – се[рц]е, солнце – со[нц]е.* Такая произносительная тенденция остаётся и при произнесении приведённых выше заимствованных слов: *ги[нк]о, ки[мч]и, Бра[нт].*

Помогают устранению неблагозвучия предлоги, которые существуют как варианты к предлогам *в, к, над, о, под, перед, пред, с.* Это предлоги *во, ко, об, обо, подо, передо, пред, со.* Попробуйте произнести словосочетания: *в всех случаях, иди к мне, смеяться над мной, оказаться под льдом, встать перед мной, с слезами на глазах* и вы почувствуете, как «спотыкается» язык, как трудно произносится написанное.

А вот при произнесении словосочетания *рассказать о учительнице, говорить о аэробике* затрудняется артикуляция с другой стороны. Здесь неблагозвучие создаётся скоплением гласных, называемое ***зиянием***. Требование благозвучия в русском языке постепенно изменяло фонетический облик некоторых заимствованных слов. Так, пришедшие из греческого языка имена *Иоанн* и *Феодор* со временем трансформировались в *Иван* и *Фёдор*. А произношение французского слова *бивуак* имеет с современных словарях помету ***устаревшее***. Благозвучнее оказалась форма *бивак*.

---

[20] подробнее смотрите об этом в разделе «Орфоэпия».

2. Исключение из контекста слов, в которых повторяются близкие или одинаковые по артикуляции труднопроизносимые звуки.

Вот несколько примеров, демонстрирующих такой недостаток русской речи, как скопление близких или одинаковых по артикуляции согласных:

*Из соседнего поме**щ**ения доносятся звуки, постепенно нарастаю**щ**ие и превра**щ**аю**щ**иеся в надоедаю**щ**ий **ш**ум, наплываю**щ**ий со всех сторон на каждого находя**щ**егося в комнате.*[21]

*Мы **про**ехали мимо, **при**вычно по**при**ветствовав **про**давщицу.*

***Уж** пробил час, уж крест **уже** сколочен...*
***Уж**ели как разбойник я умру?*

По поводу таких стилистических неудач не раз высказывался А.М.Горький. Вот что он писал начинающему, но позднее ставшему ивестным в России, писателю XX века К.А.Тренёву о его рассказе-очерке «На ярмарке» (1911 г.):

«Вы не обидитесь, если я скажу Вам, что ваш хороший очерк написан небрежно и прескучно. Первые же два десятка слов вызывают у меня вполне определённое впечатление скуки и не могут не вызвать, ибо посмотрите, сколько насыпано Вами свистящих и шипящих слогов: *св, с, сл, се, ще, ща, че*, затем четыре раза сядет в уши один и тот же звук – *от, от, ог, од...* А за слогосочетаниями Вы совершенно не следите: «вшихся», «вшимися» - очень часты у Вас. Все эти «вши» и «щи» и прочие свистящие и шипящие слоги

[21] Пример заимствован из: Беззубов А.Н. Введение в литературное редактирование.

надобно понемножку вытравлять из языка, или во всяком случае надобно избегать их, по возможности» (М.Горький, Собр. соч. Т.29, с.206-207).

Ещё раньше А.П.Чехов в одном из своих писем, обращаясь к адресату, писал: «Заглавие статьи «Очерки санитарной статистики» немножко длинно и неможко неблагозвучно, так как содержит много *с* и много *т* » (А.П.Чехов. Письмо к П.И.Куркину//Полн. собр. соч. В 20 т. – 1944-1955, т.18, с.286).

3. Сочетание и чередование коротких и многосложных слов.

Что происходит в результате несоблюдения этого требования благозвучия?

Если построить предложения с преобладанием в них односложных коротких слов, то ударения в них окажутся одно за другим, подряд – и в этом случае мы получим фразу так называемой «рубленой»[22] речи. В звуковом оформлении такие фразы напоминают барабанную дробь. Прочтите:

Дед внёс стол в дом. Дом был пуст.

Если же в предложении будут преобладать многосложные слова, то в целом речь будет звучать однообразно и монотонно:

...обладающие характерными и наиболее существенными признаками и характеристиками, присущими большинству представителей этого класса...

[22] «Рубленая» - от глагола *рубить* – измельчать, разделять целое на части.

4. Употребление приятных, эстетичных, то есть «красивых» звуков.

К таким звукам в русском языке традиционно относят «музыкальные» звуки - гласные, сонорные, звонкие согласные. Неприятными, неэстетичными считаются шипящие и свистящие звуки – *ш*, *щ*, *с*, особенно, если они оказываются по соседству: *защищающийся, скрежещущий, сосущий, трясущийся, тщательнейший.* В разделении звуков на благозвучные или неблагозвучные, то есть в определении их эстетической оценки некоторую роль играет субъективность их восприятия. Так А.М. Горький, как мы упоминали выше, советовал молодым литераторам вообще избегать употребления шипящих звукосочетаний *вши*, *вша*, *вшу*, как неблагозвучных. А В. Маяковский, отказываясь от строгих законов силлабо-тонической поэзии, защищал звуки *ш*, *щ*, *р,* называя их «хорошими». Однако, как пишет И.Б. Голуб, «проведённые в последние годы исследования убеждают в том, что эмоциональная окраска звуков воспринимается говорящими на одном языке всё же одинаково». Поэтому для изучающих русский язык как иностранный эти рекомендации также актуальны.

5. Исключение из употребления слов или форм слов, вызывающих нежелательные, порой даже грубые и непристойные ассоциации, искажающие смысл предложения.

Возникновение таких случайных ассоциаций приводит к нарушению благозвучия и к появлению ***какофонии***. Какофония возможна в двух случаях:

- в первом случае можно говорить о возникновении ассоциаций внутри языка или о внутриязыковых ассоциациях, ***внутриязыковой какофонии***;
- во втором – о межъязыковых ассоциациях или о ***межъязыковой какофонии***.

Внутриязыковая и межъязыковая какофония

Иногда при случайном стечении звуков конец одного слова и начало следующего слова или даже два слова при произношении образуют новое слово, плохо звучащее или искажающее смысл фразы. Так, например, в известной песне российских поэтов-бардов есть строчка: *плывут вдоль бережка реки.* При исполнении песни слова *бережка и реки* сливаются и получается неизвестное, смешное слово *бережкарики.* Зрители, присутствовавшие на концертах этих очень популярных российских авторов, не раз спрашивали их, кто такие *бережкарики.*[23]

К непристойным ассоциациям приводит, например, употребление глаголов *просрачивать, ксерить,* к сожалению, довольно часто встречающихся в разговорной речи вместо *просрочивать, ксерокопировать.* В данном случае какофония возникает как результат ассоциации с просторечными глаголами грубого характера, обозначающими физиологические акты. Аналогичным словом оказывается аббревиатура *ЗасРаКу* – что означает «**зас**луженный **ра**ботник **ку**льтуры, звание, которое присваивалось работникам культуры в социалистической России. В ряду аббревиатур, при создании которых наблюдается нарушение требований эвфонии можно отметить и следующие слова: СРЯ (современный русский

[23] В русском языке нет такого слова.

язык), ГУНО (Государственное управление народного образования), ДУР (Департамент уголовного розыска), КАЛ (Контрольно-аналитическая лаборатория)[24]. Подобные явления в пределах одного, в данном случае, русского языка, назовём ***внутриязыковой какофонией***.

Межъязыковая какофония возникает во многих случаях, когда фонетический облик слова одного языка вызывает ассоциации с неприятными реалиями другого языка: так, например, английское выражение *Who is who?* напоминает русскому человеку одно из самых грубых ругательств. Для корейского уха наблагозвучными в таком роде оказываются русские слова *спасибо*, *зажигалка*, *дядя*, *спички*, *баба*.

Для русскоязычных примерами неблагозвучия становятся слова корейского языка, начинающиеся звукосочетанием [йо]: 여보세요 [йобосэйо] - *алло*, 여보 [йобо] – *обращение к супруге, супругу*, 옆 [йоп] – *рядом* и т.п.

Преподаватели русского языка как иностранного хорошо знают, что в испанской аудитории предпочтительно не употреблять слово *моряк*, а в китайской - *тамада.* Явления межъязыковой какофонии, возникающей на основе межъязыковой омонимии, могут порой приводить к коммуникативным неудачам даже в официально-деловой сфере общения. Так, неудачным для западного рынка было название российского автомобиля «Жигули», напоминавшее итальянцам по звучанию слово *gigolo* – альфонс-мошенник. Именно по этой причине название марки автомобиля было изменено на благозвучное «Лада» - старинное русское женское имя.

Неудачным является и название часто рекламируемого в России детского питания, называемого по-английски «Blue water»,

---

24 Большинство неблагозвучных аббревиатур появилось в России после 1991 года.

но вызывающее ассоциации с неприятным, грубопросторечным русским словом «блевота» - обильная рвота.

Вот таковы, в основном, советы о том, как достичь благозвучия в русской речи. Следуя этим советам, вы сможете создавать тексты, восприятие которых вашими русскоязычными собеседниками не будет затруднено случайными необоснованными звуковыми соединениями, «рубленой» или, наоборот, «вялой» «размытой» фразой, не будет осложнено смешными или даже грубыми непристойными ассоциациями.

ЗВУКОПИСЬ

Следующей ступенью, более высокой, чем достижение благозвучия, является использование звуков в целях создания ярких выразительных образов. «Искусное соединение» звуков, рождающее ту или иную картину бытия, иначе называют ***звукописью***. Звукопись осуществляется с помощью так называемых ***звуковых повторов,*** среди которых выделяются ***аллитерация***, ***ассонанс***, ***звукоподражание***.

Аллитерация

Аллитерация – (лат. *ad – к, при* и *litera – буква*) – как вид звукописи заключается в повторении одинаковых или однородных **согласных** звуков или звукосочетаний для придания тексту (особенно и чаще всего – поэтическому, т.е. ритмически организованному) особой выразительности – звуковой и интонационной.[25]

В русской поэзии аллитерация известна уже с XVIII века, с тех пор как В. Тредиаковский и М. Ломоносов создали основы новой метрики. Поэты обращаются к аллитерации как средству создания определённого смысла. Приведём несколько примеров.

Так, в следующих строках стихотворения-песни «Спасите наши души» известного российского поэта Владимира Высоцкого сочетания слов со звуками *с, ш, ж* вызывают в воображении жуткую картину смертельной обстановки в подводной лодке:

---

[25] См. Культура русской речи: Энциклопедический словарь-справочник, с.29.

Спасите наши души!
Мы бредим от удушья.
Спасите наши души!
Спешите к нам!
Услышьте нас на суше –
Наш SOS всё глуше, глуше, -
И ужас режет души
Напополам...

Повторяющийся звук *с* в сочетании с *щ*, *ш* и *ж* помогает нам «услышать» пронзительный свист зимнего вьюжного ветра в следующих строках стихотворения Сергея Есенина:

Свищет ветер, серебряный ветер
В шёлковом шелесте снежного шума...

А вот как поэт Николай Рубцов использует аллитерацию звука *с*:

Грустно, грустно последние листья,
Не играя уже, не горя,
Под гнетущей погаснувшей высью,
Над заслеженной грязью и слизью
Осыпались в конце октября.

Если прочитать это стихотворение в медленно-плавном темпе, то можно ощутить светлую грусть по уходящей осени.

Наиболее сильной позицией в слове для создания аллитерационного эффекта является начало слова. По словам известного в России поэта начала XX века Велимира Хлебникова «первый звук в слове приказывает остальным. Слова, начатые одной согласной, имеют общее направление, как рои падающих звёзд».[26]

Ассонанс

Ассонанс (от латинского *assonare – звучать в лад*) – следующий вид ***звукописи***, представляющий собой симметричное повторение одинаковых или однородных **гласных** звуков или звукосочетаний, усиливающих звуковую и интонационную выразительность текста.

На ассонансе построены многие русские пословицы и поговорки, известные вам ещё из начального курса русского языка как иностранного:

Без труда не вытащишь и рыбку из пруда.
Нет друга – ищи, а нашёл – береги.
На вкус и цвет товарища нет.

Часто встречается ассонанс и в русских народных песнях:

Ах вы сени мои сени,
Сени новые мои,
Сени новые кленовые,
Решетчатые...

Ах, утушка моя луговая,
Молодушка моя молодая,
Ой, люли, люли, люли, люли, молодая.

---

[26] см.Хлебников В.Творения.-М.,1986.- С.628.

Ой, люли, люли, люли, люли, молодая.

Ассонанс активно используется в русской поэзии наряду с аллитерацией для «озвучания» описываемых явлений или событий:

Быстро лечу я по рельсам чугунным,
Думаю думу свою[йу].

В этих двух строчках стихотворения Николая Алексеевича Некрасова гласный ***у*** встречается целых 7 раз! В этих повторениях ***у-у-у*** явственно слышится монотонное гудение идущего поезда.

А вот начало известного стихотворения Александра Сергеевича Пушкина «Ночной зефир»:

Ночной зефир
Струит эфир.
Шумит
Бежит
Гвадалквивир.

Построенные на ассонансе звука *и* в сочетании с аллитерацией *р* и *т* строфы создают картину испанской ночи, наполненную звуками ветра (*зефир* – от греч. *тёплый лёгкий ветер*) и быстроводной горной реки (*Гвадалквивир*).

Звукоподражание

Звукоподражание – фонетически мотивированная связь между звуками слова и лежащим в основе номинации звуковым признаком денотата. Иначе можно сказать, что звукоподражание создаётся с помощью слов, которые имитируют звуковой образ явлений и объектов материального мира. Так, например, раскаты грома напоминают звук *р*, сильные порывы ветра или движение пара сквозь узкое отверстие – звук *с*, глухой шум – звук *ш*.

В русском языке, как, впрочем, и в других языках, существует большая группа слов, обозначающих звуки, которые производятся животными. Так, в русском языке, мычание коровы передаётся с помощью слов *му-му,* лай собаки – *гав-гав*, крики петуха - *ку-ка-ре-ку*, квакание лягушки - *ква-ква* и т.д. Сравните, в корейском языке, соответственно: *ымме-ымме, монг-монг, кок-ки-о, кегуль-кегуль*.

Другая группа слов передаёт звучание окружающего мира: *буль-буль* (движение жидкости), *топ-топ* (звуки шагов кого-либо), *пиф-паф* (звуки выстрелов), *плюх* (звук падения тела в жидкость), а также неречевые звуки, производимые человеком: *ха-ха-ха* (звуки смеха), *апчхи* (звуки чихания), *чмок* (звуки поцелуев). Все эти слова иначе ещё принято называть ***ономатопами***, а явление звукоподражания – ***ономатопеей,*** что в переводе с греческого языка означает «словотворчество». К ***ономатопам*** относится и большая группа глаголов и существительных*:* *ахать*, *грохотать*, *кудахтать*, *рявкать*, *шуршать* и др., *нытьё*, *рокот*, *стук*, *трель*, *трескотня*, *шёпот* и др.

Звукоподражательные слова, благодаря их образности, довольно широко используются в русской поэзии и прозе, где с их помощью авторами создаются яркие, образные описания природы и действительности. Вот как, например, поэт-лирик XIX века Фёдор Иванович Тютчев в стихотворении «Весенняя гроза» передаёт свои впечатления от первого весеннего грома. Постарайтесь и вы услышать в этих строчках «резвые» и «молодые» звуки весенней грозы:

*Люблю **гр**озу в начале мая,*
*Когда весенний пе**р**вый **гр**ом,*
*Как бы **р**езвяся и иг**р**ая,*
***Гр**охочет в небе голубом,*
***Гр**емят **р**аскаты молодые...*

Во многих стихотворениях другого известного поэта-лирика Афанасия Афанасьевича Фета, которого в России часто называют певцом природы, можно услышать звуки леса, воды, цветов, птиц. Вот описание спящего ночного озера:

Как тихо ... Каждый звук и шорох слышу я,
Но звуки тишины ночной не прерывают ...

А вот как рождается в одном из стихотворений Александра Блока звуковая картина, где

... в широком чистом поле
Хорошо, как в чудном сне,
Там цветёт и клевер пышный,
И невинный василёк,
Вечно шелест лёгкий слышно...

Большинство русских писателей и поэтов, и классических и современных, очень тщательно выбирают фонетические средства, используемые ими при создании произведений. Вот как пишет об этом исследователь поэтического творчества Пушкина и Лермонтова И.Б.Голуб: «Изучение черновиков А.С. Пушкина показывает, что с годами поэт все требовательнее относился к **фонике** своих произведений. Чтобы достичь желаемой окраски стиха, он напряженно искал нужные слова, исправлял написанное. Обратимся к черновым набросками «Евгения Онегина».

Первоначальный текст:

Любви печальную тревогу
я слишком, может быть, узнал.

Первый вариант правки:

Любви печальную тревогу
я слишком долго испытал.

Поправки в черновике, перенесенные в беловую рукопись:

Любви безумную тревогу
я слишком сильно испытал.

Наконец, в печатном тексте появляется следующая строка:

Любви безумную тревогу
я безотрадно испытал.

Найденное поэтом слово *безотрадно* не только наиболее оправдано по смыслу, но и очень выразительно фонетически: в нем повторились основные созвучия предыдущей строки.

Пушкин неустанно стремился к наиболее яркому звуковому выражению мысли.

Незримый (И тайный)[27] *хранитель могущему дан;*

И горек был небратский (холодный) их привет;

[27] здесь и далее в скобках указаны первоначальные варианты из черновиков А.С. Пушкина и М.Ю. Лермонтова.

Услышишь суд глупца и смех толпы холодной (*и черни смех холодный*)

Сквозь волнистые (печальные) туманы пробирается луна;

Ты им доволен ли, взыскательный художник [И ты доволен им, божественный (увенчанный, разборчивый, взыскательный) художник];

Морозной (И снежной) пылью серебрится его бобровый (соболий) воротник.

Достигнув гармонии, поэт дорожил каждым звуком поэтической речи, понимая, что перестановка слов, замена синонимов губит фонику, что выборочная правка отдельных строк разрушает звукопись.

Черновики Пушкина отразили и работу над звукообразом Татьяны. Первоначально героиня звалась Наташей. Это имя было в таком контексте:

Я новый карандаш беру,
Чтоб описать ее сестру…
Ее сестра звалась Наташа.
Мы нынче именем таким
Страницы нашего романа,
Не устрашаясь, освятим.

Далее в черновой рукописи появляется имя Татьяна, однако звуковое «окружение» его остается прежним. Только в беловой рукописи поэт исправляет:

Позвольте мне, читатель мой, (займусь я старшею сестрой, занять вас старшею сестрой).

И, наконец, в печатном тексте остаётся такой вариант:

Позвольте мне, читатель мой,
Заняться старшею сестрой.
Её сестра звалась Татьяна…

Сравнивая фонику этих вариантов, мы видим в обоих случаях звуковую подготовку имени: в первоначальном варианте повторяются согласные: ***н - т - ш,*** в окончательном - последовательно проведена аллитерация на ***н - т – т - н.***

Также тщательно подбирал слова, объединенные общим звучанием М. Ю. Лермонтов:

Безумные б звуки (И песни и звуки) в груди подавила;

Слова разлуки (надежды) повторяя,
Полна надежд (Чужда тоски) душа твоя.

Анализ черновых вариантов художественных произведений показывает, как писатели сочетают работу над содержанием с уточнением звукового выражения мысли.[28]

Работая над созданием текста, особенно такого, который в дальнейшем придётся «озвучивать», то есть произносить публично, постарайтесь уделить самое серьёзное внимание его звуковому оформлению, используя все те правила и требования звукописи, с которыми вы познакомились в этой части книги.

[28] Голуб И.Б. Стилистика русского языка». – М.: Айрис-пресс, 1997. – С.183-184.

ЛИТЕРАТУРА

для дополнительного чтения

1. Васильева А.Н. Практическая стилистика русского языка для иностранных студентов-филологов старших курсов. - М., 1989.

2. Журавлёв А.П. Звук и смысл. - М., 1981.

3. Лотман Ю.М. Анализ поэтического текста. - Л., 1972.

РУССКАЯ УСТНАЯ РЕЧЬ

Стилистика ❧ Культура речи ❧ Риторика

II

КУЛЬТУРА УСТНОЙ РЕЧИ

Аванесов
Рубен Иванович
(1902 – 1982)

Ожегов
Сергей Иванович
(1900 – 1964)

Лихачёв
Дмитрий Сергеевич
(1902 – 1982)

Часть II. КУЛЬТУРА УСТНОЙ РЕЧИ

ЧТО ТАКОЕ КУЛЬТУРА РЕЧИ?

В начале нашего учебника мы уже говорили о том, что слово «культура» (от ***colo*** – возделываю, обрабатываю землю) означало в древности процесс обработки, возделывания земли, хлебопашество. Со временем смысл слова изменился, и в XVIII веке понятие «культура» стало вообще обозначать уровень развития человечества во всех сферах его жизнедеятельности на разных этапах исторического процесса.

В русском языке слово «культура» появилось в середине 30-х годов 19 века. В «Толковом словаре живого великорусского языка» Владимира Ивановича Даля, вышедшем в России в 1861 году, слово «культура» означает не только «обработку, уход, возделывание», но и «образование, умственное и нравственное».

И сегодня в современном русском языке это слово имеет множество значений. *Культура* в словаре Ожегова толкуется так: это «высокий уровень чего-нибудь, высокое развитие, умение». Далее в этой же словарной статье Ожегов приводит пример: *культура речи*. То есть под *культурой речи* понимается высокий уровень развития речи, умение человека владеть речью.

Энциклопедический словарь-справочник «Культура русской речи»[29] определяет понятие «культура речи» в двух значениях:

1) Культура речи – это владение нормами литературного языка в его устной и письменной форме, при которой

---

[29] Культура русской речи: Энциклопедический словарь-справочник, 2003. – С.287.

осуществляются выбор и организация языковых средств, позволяющих в определённой ситуации общения и при соблюдении этики общения обеспечить наибольший эффект в достижении поставленных задач коммуникации.

2) Культура речи - область языкознания, занимающаяся проблемами нормализации речи, разрабатывающая рекомендации по умелому пользованию языком.

Таким образом, умело пользоваться русским языком, с его помощью достигать определённых целей общения, то есть уметь *сообщить*, *объяснить*, *спросить*, *сравнить*, *сопоставить*, *рассказать* так, чтобы вас **правильно** поняли ваши собеседники – это означает обладать таким важнейшим коммуникативным качеством речи как **правильность**. ***Правильной речью***, по словам Сергея Ивановича Ожегова, «называется та, в которой соблюдаются ***нормы*** современного литературного языка»[30]. Совокупность всех существующих ***норм*** в современном русском языке составляет так называемый ***нормативный аспект*** культуры речи, рассмотрению которого мы уделим в нашем учебнике наибольшее внимание.

Нормативный аспект культуры речи

Начнём с того, что ***норма*** – это центральное понятие культуры речи. Наиболее часто цитируемым определением нормы в пособиях по культуре русской речи является определение, данное Сергеем Ивановичем Ожеговым в 1955 году в первом выпуске журнала «Вопросы культуры речи». Это определение считается самым

[30] С.И. Ожегов. Очередные вопросы культуры речи//Вопросы культуры речи.Вып.1.-М., 1955.

ёмким и разносторонним из всех определений нормы, данных разными исследователями:

«***Норма*** – это совокупность наиболее пригодных (правильных, предпочитаемых) для обслуживания общества средств языка, складывающихся как результат отбора языковых элементов (лексических, произносительных, морфологических, синтаксических) из числа сосуществующих, наличествующих, образуемых вновь или извлекаемых из пассивного запаса прошлого в процессе социальной, в широком смысле, оценки этих элементов»[31]. Из этого определения следует, что нормативными становятся только те языковые средства, которые избраны в данном обществе как наиболее правильные из всех сосуществующих средств, одобрены им и рекомендованы к регулярному употреблению.

Ещё одно известное определение, наиболее часто используемое в практике преподавания курса «Культура речи», даёт словарь-справочник лингвистических терминов Д.Э. Розенталя и М.А. Теленковой: «***Норма*** – это наиболее распространённые из числа сосуществующих, закрепившихся в практике образцового использования, наилучшим образом выполняющие свою функцию языковые (речевые) варианты».[32]

Как видим, в этом определении появляются понятия «образцовое использование» и «вариант», то есть ***нормой*** или ***нормативными*** считаются такие сосуществующие варианты - языковые средства, которые приняла в речевую практику наиболее образованная часть языкового сообщества. Нормы, как правило, закрепляются в

[31] С.И. Ожегов. Очередные вопросы культуры речи//Вопросы культуры речи. Вып.1.-М., 1955.

[32] Розенталь Д.Э., Теленкова М. А. Словарь-справочник лингвистических терминов. М., Просвещение, 1976 - с.210).

ортологических[33] источниках (словарях, справочниках, энциклопедиях), определяющих формы и варианты использования тех или иных языковых средств на современном этапе развития общества.

В соответствии со структурой языка и способами письменного оформления текста выделяются следующие виды норм:

- ***Орфоэпические*** (фонетические): произносительные, акцентологические, интонационные
- ***Лексические***
- ***Грамматические***: словообразовательные, морфологические, синтаксические
- ***Орфографические***
- ***Пунктуационные***

Все эти нормы, являющиеся реализациями языковой системы, называются нормами ***языковыми***. В этом разделе учебника мы будем говорить о языковых нормах, связанных с **фонетическим** уровнем русского языка.

[33] Ортология (от греч. *orthos* – правильный, logos – слово) – филологическая дисциплина, объектом которой является теория правильной литературной речи.

ОРФОЭПИЧЕСКИЕ НОРМЫ

Понятие орфоэпии

Термин ***орфоэпия*** (от греч. *orthos* прямой, правильный и *epos* - речь) в буквальном переводе означает «правильное произношение» (вам, наверное, хорошо известно слово «орфография» - правильное написание). Понятие ***орфоэпия*** имеет два значения:

1.**Совокупность правил**, определяющих единые нормы произношения в литературном языке;

2. **Наука**, занимающаяся нормами произношения, их обоснованием и установлением.

Как говорится в определении, сфера действия орфоэпических норм – литературный язык, то есть та система языковых средств, которая прошла длительную культурную обработку в письменном и устном общении образованных носителей национального русского языка. Литературный язык объединяет всех говорящих по-русски именно потому, что все составляющие его единицы и все функциональные стили подчиняются норме, это и делает литературный язык и общепринятым, и общепонятным. А для иностранцев, изучающих русский язык, знание норм произношения в процессе реального общения играет основополагающую роль.

На первых этапах изучения русского языка вас непременно знакомили с основными правилами русского произношения, с основами русской фонетики. Вы, конечно, отлично помните, что в русском языке звук ***о***, оказавшись в безударном положении, изменяется, произносится и как [ʌ] (звук, близкий к ***а***): *г*[**о́**]*ры* – *г*[ʌ]*ра́*, и как [**ъ**] (звук, средний между *а* и *ы*): *м*[**о́**]*лодость* –

м[**ъ**]*лодо́й*); после мягких согласных на месте гласных букв ***е***, ***ё***, ***а*** под ударением произносятся [***е***], [***о***], [***а***], а в безударном положении на месте этих букв произносится [**и**^{е}]: *м*[е́]*сто* – *м*[**и**^{е}]*ста́*, *с*[ё]*стры* – *с*[**и**^{е}]*стра́*, *ч*[а́]*с* – *ч*[**и**^{е}]*сы́*; в конце слов звонкие согласные меняются на глухие: *сне*[**г**]*а* – *сне*[**к**], *эта*[**ж**]*и* - *эта*[**ш**]. Такие же замены звонких на глухие происходят перед глухими согласными: (*зага*[**д**]*а́ть* – *зага́*[**т**]*ка*, *спра́*[**в**]*очное* – *спра́*[**ф**]*ка*), а глухие согласные перед звонкими меняются на звонкие: *про́*[**с**]*ьб*а - *про́*[**з**]*ьба*, *во*[**к**]*за́л* - *во*[**г**]*за́л*. Эти и некоторые другие подобные явления образуют фонетическую систему русского языка, с основными законами которой вы и знакомились, изучая вводный или корректировочный курс русского языка.

Однако в понятие произношения включаются и такие явления, которые не определяются фонетической системой русского языка. Например, в словах иноязычного происхождения согласный перед буквой ***е*** может произноситься иногда в варианте твердого произношения (например, *би́з*[нэ]*с*, [дэтэ]*кти́в*), иногда – мягкого (например *ши*[**н'е́**]*ль*, [**т'е**]*рмо́метр*). Фонетическая система русского языка допускает как сочетание [**шн**], так и сочетание [**ч'н**]: например: *скворе́*[**шн**]*ик* и *скворе́*[**чн**]*ик, коне́*[**шн**]*о* и *коне́*[**ч'н**]*о,* хотя наиболее правильными в этих парах слов признаются только первые варианты. В приведённых примерах и произношение твёрдого или мягкого согласного перед [**е**], и произношение звука [**ш**] или [**ч**] перед [**н**] определяется, подчеркнём ещё раз, отнюдь не условиями фонетической системы, а принадлежностью слов либо к определённому стилю, либо к определённой сфере употребления. Выбором правильных произносительных вариантов среди существующих в современном русском литературном языке и занимается **орфоэпия,** а **орфоэпические нормы** регулируют выбор того или иного произносительного варианта.

Как появились орфоэпические нормы?

Орфоэпические нормы формировались и утверждались постепенно вместе с развитием русского литературного языка. В своих характерных чертах произносительные нормы начали складываться в XV – XVII веках на основе московского говора. Москва к тому времени уже стала центром Ростово-Суздальской Руси. Нормы произношения, которые формировались здесь, постепенно распространялись по другим русским центрам и также постепенно усваивались там, взаимодействуя с местными говорами.

В начале XVIII века столицей Российского государства становится Петербург. Московское произношение по прошествии времени под влиянием с одной стороны, книжного, так называемого «буквенного» произношения и, с другой стороны, под влиянием северорусских говоров подвергается некоторым изменениям. Так появилось «петербургское произношение». «Новое», «петербургское произношение» не стало новой русской произносительной нормой, но под его влиянием происходило и до сих пор происходит формирование некоторых орфоэпических норм.

Ниже мы приведём основные особенности двух вариантов произношения – московского и петербургского, которые сложились в современном русском литературном языке.

Московское произношение.

Первоначальной основой **московского** произношения было произношение восточно-славянского племени кривичей и носило севернорусский характер. Москвичи до XVI века не только сохраняли северный строй консонантизма (самое характерное для этого строя явление - цоканье: так, например, вместо [ч]*истый* произносится [ц]*истый*), но и о́кали (об оканьи мы уже упоминали в части I). О́кал Иван Грозный и его окружение, очевидно, окало и старое боярство (Хованские, Мстиславские, Одоевские). Однако в Москве среди населения, пришедшего с юга и востока, было распространено и акающее произношение, которое постепенно укрепилось и к XVIII веку стало господствующим. М.В. Ломоносов, сам помор-северянин, писал в "Российской грамматике" 1755 года: "Московское наречие не токмо для важности столичного города, но и для своей отменной красоты прочим справедливо предпочитается, а особливо выговор буквы **о** без ударения, как **а**, много приятнее...". В XVIII веке существовало две нормы произношения: одна предназначалась для чтения книг, стихов и т.д., другая была свойственна разговорной речи. О неоднородности московского произношения того времени Ломоносов писал: "Сие произношение больше употребительно в обыкновенных разговорах, а в чтении книг и в предложении речей изустных к точному выговору букв склоняется".

Проникновение в русский язык иноязычных элементов (особенно начиная с 18 в.) сделало московское произношение еще более неоднородным. Вокруг вопросов о произношении разгорелись споры - о различении звуковых качеств букв **е** и **ѣ**, о произношении буквы **г** как [г] и как [γ] [34] и др.

Откликаясь на полемику, Ломоносов написал стихотворение "Бугристы берега...", во всех словах которого была буква **г**, и обратился к читателям: "Скажи, где быть тут *га* и где стоять *глаголю*".

В XIX в. произносительные нормы литературного языка уже полностью определяются живой московской речью. Эти нормы

[34] [γ] – фрикативный [г]

характеризуются аканьем, произношением **е** после мягких согласных перед твёрдыми на месте **Ѣ** под ударением, произношением **г** взрывного и рядом других черт. К концу XIX века в московском произношении стали образцовыми некоторые черты, время существования которых названо "старомосковским произношением": произношение слов с **р** мягким, например, пе[**р'**]вый, четве[**р'**]г, ве[**р'**]х, произношение возвратного суффикса **-сь, -ся** в глаголах прошедшего времени и в повелительном наклонении как **с** твердый (вопреки орфографии), например: слово *договорилась* произносилось как *договорила*[**с**], *умывался* как *умывал*[**са**] и др.

За прошедшее с конца XIX века столетие московское произношение пережило многие изменения, сохранив, однако, все основные особенности. Для современного московского произношения характерны следующие черты:

- звукосочетания **жж, зж, жд,** произносятся как ***мягкий*** и ***долгий*** [**ж':**], например, в словах: *дрожжи*, *езжу*, *дождя*;

- звукосочетание **сч** произносится как ***мягкий долгий*** [**ш':**], например, в словах ***счастье, счёт***;

- ***мягкие краткие*** [**ш'**], [**ж'**] возможны лишь в иноязычных словах типа *жюри* и в собственных именах типа *Шюн* (японская и немецкая фамилии), *Жюль* (французское имя);

- произношение **г** как **[γ]** допускается лишь в нескольких церковных словах (*господи*, *бога*), но не допускается в других словах в сходной фонетической позиции (например, *богадельня*, *благополучный*, *благоприятный*); **[γ]** возникает также при позиционно озвонченном х, например, *их бы* [иγбы] и в отдельных словах, например, *бухгалтерия –*

бу[γ]*алтерия*, *бухгалтер – бу*[γ]*алтер, ага – а*[γ]*а* .

- произношение мягких **к**, **г**, **х** возможно только перед гласными и, е (руки, руке), перед а, о, у мягкие к, г, х встречаются только в иноязычных словах (*гяу́р*, *ликёр, кюве́т*);

- звукосочетание **чн** может произноситься то как [шн]: *ску́чный* - *ску́*[шн]*ный, коне́чно – коне́*[шн]*о*; *бу́лочная - бу́ло*[шн]*ая подсве́чник - подсве́*[шн]*ик* (в настоящее время устаревают, но встречаются чаще в речи потомственных москвичей), то как [чн]: *беспе́чность – беспе́*[чн]*ность*, *быстроте́чный - быстроте́*[чн]*ный*, *коне́чный – коне́*[чн]*ный*;

- **щн** произносится как [ш':н], а не [шн], например, в словах *мо́щность*, *помо́щник*;

- произношение твердых **т, д** перед [е] в некоторых иноязычных и в стилистически отмеченных словах: *темп*, *котте́дж*, *те́рция*, *декольте́* и др.) и в именах собственных (*Делакруа́*, *Ри́хтер*), но мягких [т'], [д'] в освоенных словах (*термо́метр*, *текст*, *те́ма*, *акаде́мия*, *дека́да*);

- в возвратных формах глагола наблюдается колебание в произношении между сценическим с твердым [**с**] и разговорным с мягким [**с'**]; это колебание началось еще в **пушкинскую эпоху: (***слу́шаюсь* звучало как *слу́шаю*[**с**] и *слу́шаю*[**с'**], *соглаша́юсь* как *соглаша́ю*[**с**] и *соглаша́ю*[**с'**].

- **ч** перед **т** в союзах *что* и *чтобы* произносится как [ш]: [што], [што]*бы*;

- в области вокализма основной чертой московского произношения является *аканье*, т.е. неразличение гласных *о* и *а* в безударном положении, совпадение их в одном звуке (как мы уже отмечали выше, такой звук мы обозначаем знаками [∧] и [ъ], например: *доро́га* – [*д∧ро́гъ*], *магази́н* – [*мъг∧зи́н*] и резко контрастное выделение ударного слога (по долготе и интенсивности).

Петербургское произношение.

Петербургское произношение характеризуется следующими *орфоэпическими особенностями*:

- произнесение безударного [**е**] вместо [**и**^{е}] на месте орфографических **а, я** и **е** после мягких согласных в первом предударном слоге: *ч**а**сы́* - *ч*[**е**]*сы́*, *м**я**сно́й* - *м*[**е**]*сно́й, р**е**ка́* - *р*[**е**]*ка́*;

- произнесение безударного [**е**] вместо [**ь**] на месте орфографических **а**, **я**, **е** в заударных открытом и закрытом слогах: *мо́р**е*** - *мо́р*[**е**], *пла́ч**е**т* – *пла́ч*[**е**]*т*;

- произнесение [**а**] вместо [**ь**] в заударной флексии 3-го лица мн.ч. глаголов 2-го спряжения: *но́сят* - *но́*[с'**а**]*т* и в отличие от старомосковского *но́*[с'**у**]*т*;

- обязательное сохранение губного [**у**] в заударном закрытом слоге: *че́л**ю**сть* - *че́*[л'**у**]*сть*;

- произнесение в отдельных словах после шипящих ударного [**е**] вместо [**о**]: *щёлка* - щ[**е́**]*лка, жёлчь* – ж[**е**]*лчь, меш**о́**чек* – *ме*ш[**е́**]*чек;*

- произнесение только мягких заднеязычных в прилагательных муж. рода ед. ч. им. п.: гром[**к'ий**] в отличие от московского гром[**къ**]й;

- произнесение твердых губных в конце слов и перед [**j**]: *во́семь* -во́се[**м**], *попьём* - *по*[**пj**ó]*м*, твёрдых согласных перед [**е**] в заимствованных словах: *те́зис* - *т*[**э́**]*зис*, *се́ссия* - с[**э́**]*ссия*;

- произнесение только мягкого [**с'**] в возвратных частицах глаголов: *занимался* - *занимал*[**с'**а] в отличие от московского, в котором возможно и твёрдое произнесение: *занимал*[**са**];

- произнесение сочетания **чн** как [**чн**]: *бу́лочная* - *бу́ло*[**чн**]*ая*, *коне́чно – коне́*[**чн**]*о*;

- произнесение **ч** перед **т** в союзах ***что, чтобы*** как [**ч**]: [**чт**]*о*, [**чт**]*обы*;

- произнесение сочетания **щн** как [**шн**], а не [**ш':н**]: *помо́**щн**ик* - *помо́*[**шн**]*ик*, *су́**щн**ость* - *су́*[**шн**]*ость*;

- произнесение слова *дождь* как *до*[**шт'**], а *дождя́* как *до*[**жд'**]*á*;

- произнесение сочетания [**кк**] вместо [**хк**] в слове *легка́*: *ле*[**кк**]*á*;

- произнесение твёрдого [**с**] в слове *отсю́да*: *от*[**су́**]*да*;

- отсутствие [**j**] перед начальным [**е**] в словах *если* **-** [**é**]*сли, ещё* – [**е**]*щё;*

- кроме того, при произнесении слова *ещё* на месте буквы **щ** произносилось сочетание [**шч**]: е[**шч**]*о*.

Исследователи отмечают, что за последние десятилетия происходит процесс унификации русской произносительной нормы. Это означает, что в современном русском языке формируется единая произносительная норма, заимствующая некоторые черты старого московского и петербургского произношения. И процесс унификации норм и некоторые другие явления, происходящие сейчас в русской орфоэпии (например: усиление тенденции «буквенного» произношения, фонетическая адаптация иноязычных слов, стирание особенностей территориального произношения и др.[35]) характеризуют дальнейшее развитие русского литературного языка.

Понятие вариантности

С развитием литературного языка связано появление многих орфоэпических вариантов. Произношение постепенно меняется. В начале XX века говорили *а́*[**н'**]*гел*, *це́*[**р'**]*ковь*, *ве*[**р'х**], *пе́*[**р'**]*вый*. Да и сейчас в речи пожилых людей нередко можно встретить такое произношение. Очень быстро уходит из литературного языка твердое произношение согласного [**с**] в частице ***-ся*** (***сь***): *смея́лся* - *смея́л*[**с**]*а*, *встре́тились* - *встре́тили*[**с**]. В начале XX века это было нормой литературного языка, так же как и твёрдые звуки [**г, к, х**] в прилагательных на *-кий*, *-гий*, *-хий* и в глаголах на *-кивать*, *-гивать*, *-хивать*. Так, слова *вы́сокий*, *стро́гий*, *ве́тхий*, *вска́кивать*,

[35] подробнее см. об этом: Валгина Н.С., с. 52-60.

подпры́гивать, *стря́хивать* произносили так, как если бы было написано *высо́к***о***й*, *стро́г***о***й*, *ве́тх***о***й*, *вска́к***о***вать*, *подпры́г***о***вать*, *стря́х***о***вать*. Потом норма стала допускать оба варианта – старый и новый: *смея́л*[**с**]*а* и *смея́л*[**с'**]я, и *стро́*[**гъ**]*й* *стро́*[**г'**]*ий*. В результате изменений в литературном произношении появились варианты, одни из которых характеризуют речь старшего поколения, другие – младшего. Иначе ещё говорят о существовании «старшей» и «младшей» нормы. Кроме того, как мы уже отметили выше, в результате унификации появляются допустимые сосуществующие варианты. Так, например, литературным, правильным считается произношение *е*[**ж'ж'**]*у*, *ви*[**ж'ж'**]*ать* с мягким долгим звуком [**ж'**], как это рекомендует старая московская норма. Произношение *е*[**жж**]*у*, *ви*[**жж**]*ать* – с твёрдым долгим ж, как это было принято в петербургском произношении, считается нормой допустимой (в словарях допустимая норма помечается как ***доп.***[36]); правильно и *до*[**ж'ж'**]*и* (по-московски), и *до*[**жд**]*и* (по-петербургски).

Нормативными в культуре речи признаются и вариант *п*[**о**]*э́зия* и вариант *п*[ʌ]*э́зия,* о которых мы говорили в части I. Вспомним только, что второе из этой пары слово принадлежит стилю нейтральному, разговорному, а первое – принадлежность высокой, торжественной речи. Таким образом, в отличие от орфографических норм, предлагающих один-единственный вариант и запрещающих другие, орфоэпические нормы допускают **варианты**, которые либо оцениваются как равноправные, либо один вариант считается желательным, а другой допустимым. Например, словарь трудностей произношения и ударения в современном русском языке разрешает произносить слово *дека́н* и с твёрдым [**д**] и с мягким [**д'**] – то есть и

[36] см. об этом ниже

как [**дэ**]*ка́н* и как [**д'**е]*ка́н,* слово *манёвры* и как *ма*[**н'е́**]*вры* и как *ма*[**н'о́**]*вры.*

Однако главная задача орфоэпических правил - предупреждая ошибку в произношении, отсекать **недопустимые** варианты.

Каковы же причины появления этих неправильных вариантов? Варианты произношения, признаваемые неправильными, нелитературными, а потому недопустимыми в современной руской речи могут появляться:

во-первых, под воздействием ***диалектного произношения***;

во-вторых, под влиянием ***просторечия и жаргона***;

в-третьих, в результате ***побуквенного произношения***.

В части первой «Стилистика звучащей речи» мы уже говорили о том, что на огромной территории России существует множество говоров, то есть диалектов. На российском севере «окают» и «екают», на юге – «акают» и «якают. В системе территориальных диалектов такое варьирование произношения нормально и соответствует фонетическим законам этих диалектов. Но в системе литературного языка варианты произношения, **обусловленные влиянием диалекта,** уже рассматривается как нарушения нормы. Так, например, глагол *идёт* в устной речи жителей Забайкалья (Восточная Сибирь) произносится как [*идё**т'***], а слово *девушки* произносится как *де*[**у**]*ш*[**т**]*и*, что, естественно, недопустимо в речи образованного человека.

Неправильные варианты, **обусловленные просторечием и жаргоном,** часто свидетельствуют о невысоком и даже низком уровне владения говорящим русскими литературными нормами. В первую очередь это относится к тем носителям русского языка, для которых он является родным. В устной же речи иностранцев такие ошибки становятся проявлением того, что человек либо не пытался или не имел возможности овладеть литературными нормами русского произношения, либо говорящий целенаправленно демонстрирует своё знание ненормативного произношения. Однако в некоторых случаях такое целенаправленное нарушение норм хорошо говорящими по-русски иностранцами можно расценивать как умение пользоваться стилистически окрашенными средствами русского произношения, как элемент **языковой игры**[37].

Невладение же орфоэпическими нормами произношения русского языка часто становится мишенью русского анекдота. Вот один из них:

- *Вы москвичка?*
- *Да. А шо?* [Да. А что?]

Произносительный вариант слова *шо* во второй фразе в этом анекдоте выдаёт в адресате носительницу украинского языка.

Ошибки в результате **побуквенного произношения** появляются следующим образом. Если человек впервые встретил слово при чтении, а до этого он никогда не слышал, как оно произносится, он может неправильно его прочитать, озвучить: на произношение может повлиять буквенный облик слова. Именно под влиянием написания появилось, например, произношение слова *чувство* – как *чу*[**ф**]*ство* вместо правильного *чу*[**с**]*тво*, союза *что* – как [**ч**]*то* вместо [**ш**]*то*, произношение слова *конечно* как *коне*[**чн**]*о* вместо *коне*[**шн**]*о*.

Орфоэпические нормы, как и другие виды норм русского литературного языка, лингвистически достоверно описываются и фиксируются в специальных, так называемых ***кодифицируемых***

---

[37] Использование любых языковых единиц для создания остроумных высказываний.

источниках - грамматиках, пособиях, справочниках, словарях, а сам процесс этого описания носит название ***кодификация*** (от латинского *codificatio*: *codex* – собрание законов, *facio* – делаю).

Словари, в которых описываются нормы литературного произношения, называются ***орфоэпическими словарями***. Первым русским лексикографическим изданием орфоэпического типа, появившимся на свет в 1955г., считается книга «Русское литературное ударение и произношение. Опыт словаря-справочника» под редакцией Р.И. Аванесова и С.И. Ожегова. За прошедшие десятилетия появилось несколько изданий орфоэпических словарей. Самым большим на сегодняшний день, включающим около 76000 слов, является «Словарь ударений русского языка» Агеенко Ф.Л. и Зарвы М.В., изданный в 1993 году.

Однако для иностранных учащихся, изучающих русский язык, мы бы рекомендовали в качестве орфоэпического справочника «Словарь трудностей произношения и ударения в современном русском языке» К.С Горбачевича, в котором наряду с традиционным нормативным вариантом приводятся и равноценные, в некоторых случаях новые, «входящие», а также такие варианты, которые на данный момент не маркированы как нормативные, но в будущем, возможно, приобретут статус нормативности. Кроме того, автор сопровождает варианты произношения нормативной оценкой, например:

Указание ***допустимо (*** или ***доп.)*** свидетельствует о том, что произношение данного варианта возможно и допускается нормой литературного языка. Например: *ма*[**дэ**]*ра* и допустимо *ма*[**д'э**]*ра*; *тво́рог* и допустимо *творо́г*;

Указание ***не рекомендуется*** применяется в тех случаях, когда маркированный вариант в данное время не признается нормативным. Однако его широкое употребление в современной (часто профессиональной) речи и нередко соответствие основным тенденциям развития русского языка не исключают возможности признания такого варианта нормой литературного языка в будущем. Например: *балова́ть* и не рекомендуется *ба́ловать*; *блю́да* и не рекомендуется *блюда́*;

Указание ***в просторечии*** служит для обозначения «низкого» стиля. Такие слова, находясь за пределами строго нормированного языка, вносят в речь сниженный, иногда грубоватый оттенок. Например: *вскипяти́ть* и в просторечии *скипяти́ть*; *жизнь* и просторечное *жись* и др.

Указание ***неправильно*** служит для предупреждения от распространённых речевых ошибок. Например, неправильно: *догово́ренность* вместо правильного *договорённость*, *инцинде́нт* вместо правильного *инциде́нт*.

Указание ***устарелое*** означает, что данное произношение или ударение было известно и употребительно в литературном языке XIX века, в начале XX века, а в настоящее время воспринимается как архаизм и в живой речи обычно не встречается. Однако такие факты могут сохраняться в профессиональной речи некоторых социальных групп, а также использоваться как особое стилистическое средство в языке художественной литературы и в публицистике. Например: *библиоте́ка* и устарелое *библио́тека*.

Указание ***устаревающее*** предназначается для характеристики произношения и ударения, которые ещё не стали архаичными, но всё реже встречаются в речевой практике, переходя в пассивный языковой фонд. Например: *молочный* и устаревающее *молошный*; *зама́нит* и устаревающее *замани́т.*

Помимо вышеприведённых указаний в Словаре широко используются различные комментарии. Например: *в поэтической речи, в народно-поэтической речи, в непринуждённой речи, в профессиональной речи, в церковной речи, в речи моряков, в речи шахтёров, в речи медиков* и т. д. Например, вы можете видеть такие комментарии при словах: *добы́ча - до́быча* (*в речи шахтёров*), *дья́кон - диа́кон* (*в церковной речи*), *алкого́ль – а́лкоголь* (*в речи медиков*), *ко́мпас - компа́с* (*в речи моряков*), *осуждённый - осу́жденный* (*в речи юристов*).

На основании чего лингвисты решают, какой вариант следует отвергнуть, а какой одобрить? Кодификаторы (специалисты, занимающиеся кодификацией) тщательно взвешивают все «за» и «против» для каждого из встречающихся вариантов, принимая во внимание разные факторы: распространённость произносительного варианта, его соответствие объективным законам развития языка (т.е. определяют, какой вариант имеет временный сиюминутный характер, а у какого есть будущее). Они устанавливают относительную силу каждого довода в аргументации того или иного произносительного варианта. Например, распространённость варианта важна, но это не самый сильный довод в его пользу: бывают и распространённые ошибки. Кроме того, специалисты по орфоэпии не спешат утвердить новый вариант, придерживаясь разумного консерватизма: литературное произношение не должно меняться слишком быстро, оно должно быть устойчиво, ведь литературный язык связывает поколения, объединяет людей не только в пространстве, но и во времени. Поэтому рекомендуют, как правило, традиционную норму, даже если она наименее распространена.

ВИДЫ ОРФОЭПИЧЕСКИХ НОРМ

Орфоэпические нормы русского литературного языка подразделяются на

- ***собственно произносительные или произносительные;***
- ***акцентологические или нормы ударения;***
- ***интонационные нормы.***

Произносительные нормы или ***нормы произношения*** регулируют выбор акустических вариантов фонемы или чередующихся фонем. Так, например, слово *холосто́й* нужно произносить [*хъл∧сто́й*] и нельзя [*х**о**л**о**сто́й*], слово *расчёт* можно произносить *ра*[**ш':**]*ёт* и нельзя *рас*[**ч**]*ёт*.

Акцентологические нормы или ***нормы ударения*** регулируют выбор вариантов размещения и движения ударного слога среди неударных. Так, нужно произносить – *начался́*, нельзя *на́чался* или *нача́лся*.

Интонационные нормы регулируют выбор ритмико-мелодического варианта для адекватного выражения синтаксических и эмоционально-экспрессивных значений. Так, в ситуации запроса информации можно использовать ИК-3 (тип интонационной конструкции №3), нельзя ИК-1. Вот одно из упражнений-шуток, которое используется на занятиях по русскому языку для иностранцев при изучении интонационных конструкций:

Дорис: Знаешь, Таня, вчера в кафе я подошла к столику, за которым сидела девушка. За столиком было ещё одно свободное место. И я спросила девушку: «Это место занято?» А она встала и ушла.

Таня: Дорис, ты, наверное, забыла, что такое ИК-3!

Произносительные нормы

Произносительные нормы в области гласных.

1. Произнесение И

На месте буквы **И** произносится **[и]**:

- в начале слова (под ударением и без ударения): ***и́****гры*, ***и****нтерне́т*;
- после гласных (под ударением и без ударения): *мо****и́***, *сара́****и***;
- после мягких согласных (под ударением и без ударения): *поч****и́****стить, л****и****цо́*.

На месте буквы **И** произносится **[ы]:**

- после буквы **Ш**: *ш****и****ть, выш****и****ва́ть*;
- после буквы **Ж**: *ж****и****ть, но́ж****и****к*;
- после буквы **Ц**: *ц****и****рк, оц****и****нко́вка*;

а также:

- в начале слова при тесном слиянии в произношении этого слова с предшествующим, имеющим на конце твердый согласный: *из⁀****и****нститу́та, брат⁀****и*** *сестра́, декан⁀****и****дёт, Иван⁀****И****ва́нович.*

! Однако обратим внимание, что такое произношение возможно лишь при условии, что нет паузы между словами. С появлением паузы в начале второго слова должно звучать [**и**]: *Тихо! Декан… **и**дёт*!

2. Произнесение Ы

На месте буквы **Ы** в соответствии с написанием произносится [**ы**]:

- после твёрдых согласных под ударением: *с**ы́**р*, *скворц**ы́**;*
- после твёрдых согласных без ударения: *о́с**ы**, ц**ы**га́н.*

3. Произнесение У

На месте буквы **У** в соответствии с написанием как под ударением, так и в безударных слогах произносится [**у**]:

- в начале слова: ***у́**жин*, ***у**ме́ть*;
- после гласных: *на**у́**ка*, *вы́**у**чить*;
- после твердых согласных: *ш**у**м*, *п**у**сти́ть*;
- после мягких шипящих **Ч** и **Щ**: *ч**у́**вство*, *щ**у́**ка.*

4. Произнесение Ю

На месте буквы **Ю** произносится [**у**]:

- после мягкого согласного под ударением (кроме **Ч** и **Щ**): *л**ю́**стра*, *вар**ю́**;*
- после мягкого согласного без ударения (кроме **Ч** и **Щ**): *с**ю**же́т, л**ю**бо́вь;*
- после буквы **Ж** в словах *ж**ю**ри́*, *ж**ю**лье́н* (суп), в именах иноязычного происхождения *Ж**ю**ль*, *Ж**ю**лье́н* (всегда твёрдый [ж] звучит здесь как мягкий!);
- после буквы **Ш** в словах *парашю́т*, *брошю́ра.*

На месте буквы **Ю** произносится [**jу**]:

- в начале слова под ударением и без ударения: ***Ю́****ля,* ***ю****ри́ст;* после гласных под ударением и без ударения: *ка****ю́****та, уме́****ют****;*

- после разделительных **ь** и **ъ**: *пь****ю****, вы́ль****ю****, предъ****ю****биле́йный.*

5. Произнесение А

На месте буквы **А** произносится [**а**]:

- в начале слова под ударением: ***а́****тлас, А́зия*;
- после гласных под ударением: *пи****а́****но, пи****а́****р*;
- после твердых согласных под ударением: *т****а****м, к****а́****ртридж*;
- после мягких шипящих **Ч** и **Щ** под ударением: *ч****а́****с, совещ****а́****ние.*

На месте буквы **А** произносится [^]:

([^] – звук, отличающийся от гласного [**а**] ударного меньшей открытостью, меньшим раствором рта)

- в начале слова: ***а****лма́з,* ***а****пте́ка*;
- в 1-м предударном слоге после твердых согласных: *в****а****го́н, р****а****бо́та;*
- в начале слова в предударных слогах после предлога **у**: *у* ***а****рти́стки, у* ***а****вто́буса.*

На месте буквы **А** произносится [**ъ**]:

([**ъ**] – очень краткий гласный, средний между **а** и **ы**, произносящийся в безударных слогах)

- после твёрдых согласных в предударных (кроме 1-го) и в заударных слогах: *н****а****селе́ние, косме́тик****а****.*

На месте буквы **А** произносится [**и**[е]]:

- в 1-м предударном слоге после **Ч** и **Щ**: *ч****а****сы́, щ****а****ве́ль.*

6. Произнесение О

На месте буквы **О** произносится [**о**]:

- в начале слова под ударением: ***о́****н*, ***о́****блако*;
- после твёрдых согласных под ударением: *г****о́****ды*, *полотн****о́****;*
- после **Ч** и **Щ** под ударением: *плеч****о́***, *трущ****о́****ба;*
- в предударных и заударных слогах в словах иноязычного происхождения и в иноязычных именах собственных[38]: *р****о****к****о****ко́, кака́****о***, *ра́ди****о***, *Ш****о****пе́н.*

На месте буквы **О** произносится [**jo**]:

- после **ь** или **й** перед твёрдым согласным под ударением: *буль****о́****н*, *рай****о́****н.*

На месте буквы **О** произносится [^]:

- в начале слова в предударных слогах: ***о****ди́н*, ***о****гнево́й;*
- после твёрдых согласных в первом предударном слоге: *в****о****да́*, *п****о****да́рок*;
- после твёрдых согласных в предударном слоге: *перед****о****во́й, недор****о****го́й*;
- после твёрдых согласных на месте сочетания **оо** в
- предударных слогах: *в****оо****брази́ть*, *п****оо****щре́ние*;
- после твёрдых согласных на месте сочетания **ао**: *н****ао****боро́т*, *з****ао****ра́ли*;
- после твёрдых согласных на месте сочетания **оа**: *п****о****-****а****мерика́нски*, *п****о****-****а****рме́йски.*

На месте буквы **О** произносится [**ъ**]:

[38] см. об этом в Части I «Стилистика звучащей речи»

- после твёрдых согласных во всех безударных слогах, кроме первого предударного: *проливной*, *золото*.

7. Произнесение Э

<u>На месте буквы Э произносится</u> [**е**]:

- в начале слова под ударением: *э́тот*, *э́врика*;
- в начале слова без ударения: *эпи́тет*, *экраниза́ция*;
- после твёрдых согласных: *мэр*, *Улан-Удэ́*;
- после гласных под ударением: *поэ́зия*, *маэ́стро*;
- под ударением в начале слова при его тесном слиянии с предлогами: *в э́тике*, *в э́посе*;
- под ударением в начале слова при его тесном слиянии со словами, заканчивающимися на твёрдый/мягкий согласный или гласный: *брат Э́ммы*, *мать Э́ммы*, *около Э́ммы*.

<u>На месте буквы Э произносится</u> [**ы**[э]]:

- в начале слов иноязычного происхождения в предударных слогах: *эта́ж*, *эмигра́нт;*
- в предударном слоге в начале слова при тесном слиянии его с предлогом: *под этаже́ркой*, *в эконо́мике.*

  ! Отметим, что в этих позициях литературная норма <u>запрещает!</u> произносить [и][39], так как этот вариант произношения имеет просторечную окраску.

8. Произнесение Е

<u>На месте буквы **Е** произносится</u> [**е**]:

- в ударном слоге после мягких согласных: *не́бо, зе́ркало;*

---

[39] этот вариант произношения отмечается как сниженно-просторечный. Кроме того, иногда он становится элементом языковой игры в среде людей, владеющих нормами литературного произношения и в художественных произведениях.Так, герой песни «Диалог у телевизора» Владимира Высоцкого произносит: «А гадость пьют из [и]кономии: хоть поутру, да на свои».

- в ударном слоге заимствованных слов после мягких согласных: *шине́ль, Оде́сса.*

<u>На месте буквы **Е** произносится</u> [**э**]:

- в ударном слоге после букв **Ш**,**Ж**,**Ц**: *ше́сть, же́ст, це́лый;*
- в ударном слоге заимствованных слов после твёрдых согласных: *конгре́сс, те́зис.*

<u>На месте буквы **Е** произносится</u> [**и**^{е}]:

- после мягких согласных в 1-ом предударном слоге: *земля́, неу́мный.*

<u>На месте буквы **Е** произносится</u> [**ь**]:

- В предударных (кроме 1-го) слогах после мягких согласных: *механи́зм, темнота́;*
- В заударных слогах после мягких согласных: *парикма́хер, о́зеро.*

<u>На месте буквы **Е** произносится</u> [**ъ**]:

- в заударных слогах после твёрдых шипящих **Ш**, **Ж**, **Ц** в падежных окончаниях существительных, прилагательных и местоимений перед твёрдым согласным: *с му́жем, в бы́вшем, круглоли́цего, в на́шем;*
- в заударных слогах после твёрдых шипящих **Ш**,**Ж**,**Ц** в корнях слов: *вы́шел, вы́жег, ка́рцер;*
- в заударных слогах после твёрдых шипящих **Ш**, **Ж** в личных окончаниях глагола: *ска́жет, пля́шем.*

<u>На месте буквы **Е** произносится</u> [**ы**^{е}]:

- в первом предударном слоге после твёрдых шипящих **Ш**,**Ж**,**Ц**: *шестóй, женá, ценá;*
- в заударных слогах после твёрдых шипящих **Ш**,**Ж**,**Ц** в падежных окончаниях и в форме сравнительной степени прилагательных: *на кóж**е**, в макинтóш**е**, на ýлиц**е**; тúш**е**, рéж**е**.*

<u>На месте буквы **Е** произносится</u> [**ъ**^{ы}]:

- в предударных слогах (кроме 1-го) после твёрдых шипящих **Ш**,**Ж**,**Ц**: *ш**е**рстянóй, ж**е**нихá, ц**е**ловáть.*

<u>На месте буквы **Е** произносится</u> [**je**]:

- в начале слова под ударением перед твёрдым и мягким согласным: *éл, éль, éсть.*
- в ударном слоге после гласного: *поéхать, боéц.*
- после буквы **И** в ударном слоге в конце слова: *бытиé, житиé* (слова высокого стиля церковно-славянского происхождения);
- после букв **Ъ** и **Ь** в ударном слоге перед твёрдым и мягкими согласными и в конце слова: *съел, съéли, о соловьé.*

<u>На месте буквы **Е** произносится</u> [**jи**^{е}]:

- в начале слова в 1-ом предударном слоге: *едá, елóвый.*
- после гласного в 1-ом предударном слоге: *боевóй, уезжáй.*

! в разговорном стиле речи звук **j** может отсутствовать.

<u>На месте буквы **Е** произносится</u> [**ie**]:

- в начале слова в предударных слогах(кроме 1-го): *европéйский, ерундá.*

<u>На месте буквы **Е** произносится</u> [**iь**]:

- в заударном слоге после гласного: *мое́м, за ча́ем*.

На месте буквы **Е** произносится [**jь**]:

- в заударном слоге после буквы **Ь**: *здоро́вье, весе́льем*.

9. Произнесение Ё

Буква **Ё** в слове всегда притягивает ударение.

На месте буквы **Ё** произносится [**о**]:

- после мягких согласных: *лёд, мёд, ликёр, пёс*;
- после мягких шипящих согласных **Ч** и **Щ**: *чёрный, щётка*;
- после твёрдых шипящих **Ш** и **Ж**: *шёл, жёлтый*.

На месте буквы **Ё** произносится [**jо**]:

- в начале слова: *ёлка, ёрничать*;
- после гласных: *поёт, неуёмный*;
- после разделительных **Ъ** и **Ь**: *съёмка, бельё*.

10. Произнесение Я

На месте буквы **Я** произносится [**а**]:

- после мягких согласных в ударном слоге: *пя́тый, лентя́й*;

На месте буквы **Я** произносится [**и**[е]]:

- после мягких согласных в 1-ом предударном слоге: *пятна́дцать, ряби́на*.

На месте буквы **Я** произносится [**ь**]:

- после мягких согласных в предударных слогах (кроме 1-го слога): *лягушо́нок, тяжеле́йший*.
- после мягких согласных в заударных слогах: *де́сять, па́мять*.

<u>На месте буквы **Я** произносится</u> [**ja**]:

- в начале слова в ударном слоге: ***я́***сный, ***Я́***ндекс.
- после гласных в ударном слоге: *за****я́****вка*, *сто****я́****ть*.

  после букв **Ъ** и **Ь** в ударном слоге: *отъ****я́****вленный*, *рь****я́****ный*.

<u>На месте буквы **Я** произносится</u> [**jи^{е}**]:

- в начале слова в 1-ом предударном слоге: ***я****зы́к*, ***я****вля́ться*;
- после гласных в 1-ом предударном слоге: *по****я****влю́сь*, *по****я****сне́ние*.

<u>На месте буквы **Я** произносится</u> [**jь**]:

- в начале слова в предударных слогах (кроме 1-го): ***я****зыково́й*, ***я****дови́тый*.
- после согласных в заударных слогах, но не на конце слова и не в падежных окончаниях: *по́****я****с*, *вы́****я****снить*.

  ! Отметим, что в этой позиции звук [j] может и не произноситься.Ср.: [по**jь**с] – [по**ь**с].

<u>На месте буквы **Я** произносится</u> [**jъ**]:

- после гласных в заударных слогах – на конце слова: *родна́****я***, *зна́ни****я***.
- после гласных в заударных слогах – в падежных окончаниях: *о музе́****я****х*, *по тради́ци****я****м*.
- после буквы **Ь** в заударном слоге: *ли́сь****я***, *бра́ть****я****м*.

Произносительные нормы в области согласных.

Как вам известно, произношение согласных звуков в русском языке во многом зависит от их вокального и консонантного окружения. Все русские согласные делятся на два коррелятивных ряда – ряд парных ***глухих/звонких*** согласных и ряд парных ***твёрдых/мягких*** согласных.

Коротко напомним их характеристику.

Участие/неучастие тона в производстве согласных звуков определяет их разделение на глухие и звонкие согласные. Если в образовании согласного не участвуют голосовые связки (т.е. воздушная струя свободно проходит через гортань и тона не возникает), то такой согласный называется ***глухим***.

Звуки [к], [п], [с], [т], [ф], [х] и их мягкие пары (звуки, образованные с дополнительной артикуляцией палатализации[40] по всем остальным параметрам [к'], [п'], [с'], [т'], [ф'], [х'], а также непарные по твёрдости/мягкости звуки [ш], [ш'], [ц], [ч] называются ***глухими*** согласными, так как произносятся без участия голоса.

Если воздух встречает препятствие в виде голосовых связок сначала в гортани (возникает тон), а затем и в полости рта (возникает шум), то образуется звук, который называется ***звонким*** согласным.

Звуки [б], [в], [г], [д], [з] и их мягкие пары (звуки, образованные с дополнительной артикуляцией палатализации, но одинаковые по всем остальным параметрам –[б'], [в'], [г'], [д'], [з'], а также звуки [л], [л'], [м], [м'], [н], [н'], [р], [р'], [j], называемые сонорными (от лат.sonorus –звучный) и не имеющий пары по твёрдости–мягкости звук [**ж**] - ***звонкие***, так как при их производстве голосовые связки начинают вибрировать и образуется голос (тон).

---

[40] Палатализация - дополнительная артикуляция,зависящая от положения и формы языка в ротовой полости: при произнесении мягких согласных средняя часть спинки языка приподнимается и приближается к твёрдому небу, при произнесении твердых согласных средняя часть спинки языка опущена, зато задняя часть спинки языка приближена к мягкому нёбу.

Не все русские согласные образуют пары по глухости/звонкости. Звуки [х], [х'], [ц], [ч] не имеют пары по звонкости.

Находящиеся рядом согласные оказывают друг на друга влияние по признаку глухость/звонкость – происходит ***ассимиляция*** (уподобление) согласных по этому признаку. При этом определяющее влияние оказывает наличие или отсутствие тона при образовании последующего согласного в сочетании согласных звуков. Таким образом, в русском языке ассимиляция по глухости/звонкости в сочетаниях согласных всегда **прогрессивная**, т.е. предыдущий звук уподобляется по этому признаку последующему звуку.

За последние несколько десятилетий изменения произносительных норм мало затронули основу произношения – фонетическую систему. Эти изменения в основном касаются в значительной своей части произношения отдельных слов, групп слов, а также произношения отдельных грамматических форм. Так, например, исследователи отмечают следующую тенденцию: «Есть мнение, что со временем русский язык полностью утратит тенденцию к ассимилятивной мягкости, поэтому то, что наблюдалось в качестве нормы в старомосковском произношении и было зафиксировано в свое время Р.И.Аванесовым, в наши дни уже совершенно не свойственно литературному языку»[41]. Здесь речь идёт об изменениях в произношении согласных перед мягкими согласными. Если, например, раньше в словах *армия*, *гордиться*, *партия* произносился мягкий звук [**р'**], то в современном произношении вы можете услышать только твёрдый вариант – *а*[**р**]*мия*, *го*[**р**]*диться*, *па*[**р**]*тия*.

[41] см. об этом подробнее: Кедрова Г.Г., Потапов Е.В. и др.

Итак, каковы же основные правила современной орфоэпии в области русских согласных? Ниже мы остановимся на основных случаях произношения, вызывающих обычно трудности в устной речи иностранцев.

Произнесение слов с согласными перед *е*.

Произнесение согласных перед ***е*** осуществляется как в твёрдом, так и в мягком вариантах. Это происходит потому, что в основном это слова заимствованные, которые постепенно проходят процесс русификации, то есть постепенного перехода от твёрдого произношения к мягкому. Так, например, в словаре–справочнике 1959 года под ред. Р.И.Аванесова и С.И.Ожегова представлены пометы *текст* (не тэ), *тема* (не тэ), *текстолог* (не тэ), *тенор* (не тэ). Очевидно, в практике произношения того времени варианты произношения слова *текст*, например, как *т*[э]*кст,* слова *тенор* как *т*[э]*нор* имели место быть. В этом же словаре слово *темп* рекомендуется произносить как *т*[э]*мп*, а в словаре 1998 года уже даётся вариант [т'е]*мп*.

Процесс освоения таких слов идёт очень неровно, каких-либо конкретных закономерностей исследователи не отмечают. В результате этого в разных словарях можно встретить разночтение при определении правильного варианта произношения этих слов.

Тем не менее, мы приведём в этом разделе основные правила произношения согласных в заимствованных словах с учётом последних словарных данных.

А) Согласный перед ***е*** произносится как ***твёрдый*** звук в следующих словах (подчёркнутая буква ***е*** произносится, соответственно, как **э**):

Абсе́нт, авиамоделúзм, австралопите́к, автогене́з, автогре́йдер, ада́птер, адено́ид, аде́пт, адюльте́р, адеква́тный, акинезия, алтей, альма-матер, альтерация, альтернатива, амнезия, анамнез, ангстрем, андезит, анестезиология, антенна, антисептика, антитеза, антропогенез, апартеид, археоптерикс, асептический, асиндетон, астенический, астероид, атеизм, ателье, атеросклероз, аутентичный, аутодафе, аутсайдер, ацтеки.

Баттерфляй, баядерка, безе, бестселлер, бета-лучи, бижутерия, бизнес, биогенез, биогенетический, бифштекс, блайзер, бренди, бретелька, буриме, бутерброд, бюстгальтер.

Вальдшнеп, варьете, ватерполо, вендетта, вестерн.

Гантель, генезис, генетика.

Деизм, декаданс, декодирование, деликатес, дельта, дельтаплан демонтаж, детектив, диадема, диапроектор, диспансер.

Ингредиент, индекс, интеграл, интервент, интервью, интернет, интерпретация.

Каберне, кабаре, кариес, кафе, кибернетика, компьютер, коттедж.

Менеджер, метрополитен, модель, модернизм.

Пантеон, пастель, пастернак, патетика, питекантроп, потенциал.

Регби, резюме.

Свитер, секс, сентенция, сервис, синтез, спаниель, спидвей, спринтер, стенд, стресс.

Тезаурус, тезис, тембр, темп, темпера, тенденция, теннис, тент, теология, термос, тест, тире, тотем, трек.

Филателия, фонетика, фрикаделька.

Хризантема.

Цитадель.

Чартер.

Шедевр, штемпель, штепсель.

Эзотерический, экзема, экстенсивный, экстерн, эндемик, эсер, эспандер, эссе, эстетика.

Б) <u>Согласный перед ***е*** произносится и как **мягкий** и как **твёрдый** звук в словах</u>:

Банд<u>е</u>роль, д<u>е</u>кан, д<u>е</u>рматолог, инд<u>е</u>кс, лот<u>е</u>рея, пант<u>е</u>ра, р<u>е</u>йтинг, сл<u>е</u>нг, шпат<u>е</u>ль, экспр<u>е</u>сс.

В устной речи нормативное произношение согласных перед ***е*** иногда нарушается. Вы можете услышать, как некоторые носители русского языка нижеследующие слова произносят так:

Агрессия как агрЭссия
Академия как акадЭмия
Берет как бЭрЭт
Брюнет как брюнЭт
Декада как дЭкада
Кофе как кофЭ
Крем как крЭм
Паштет как паштЭт
Пионер как пионЭр
Пресса как прЭсса
Термин как тЭрмин
Фанера как фанЭра

Как видите, все эти слова произносятся в противоположность норме не в мягком варианте, а в твёрдом. Такое произношение называется книжно-претенциозным или, как говорит Р.И.Аванесов «на нарочито иностранный лад». Такой вариант произношения нередко используется писателями для придания особой окраски речи некоторых героев художественных произведений. Так, стала крылатой фраза из очень популярного российского фильма «Бриллиантовая рука», герой которого, смешивая слова-варианты претенциозно-книжного стиля с просторечием, произносит фразу

«*Будет тебе и ва-а-анна, и ко-о-фЭ* (вместо *кофе*), *и какава* (здесь: просторечие, правильно *какао*) *с чаем*», выражающую высшую степень угрозы, а у зрителя вызывающую смех.

Напротив, замена твёрдых вариантов на мягкие, вносит в произношение окраску сниженной разговорности и даже просторечности: *[д']е[т']ектив* вместо *[дэтэ]ктив, бест[с']еллер* вместо *бест[сэ]ллер, бре[т']елька* вместо *бре[тэ]лька, сви[т']ер* вместо *сви[тэ]р, [т']езис* вместо *[тэ]зис, ше[д']евр* вместо *ше[дэ]вр* и др.

1. Произнесение Г

На месте буквы **Г** произносится [**х**]:

- в словах *мя́гче*, *ле́гче*, *легко́*, *мя́гко*, *смягчи́ть*, *облегчи́ть*. Однако в некоторых однокоренных словах книжного характера, таких, например, как *отягчённый*, *тягча́йший* данное произношение является некорректным. В этих случаях следует произносить звук [**к**].
- в слове *бог*.

На месте буквы **Г** произносится [**γ**]

(звонкий щелевой заднеязычный согласный, или иначе, **фрикативный** согласный):

- в словах *госпо́дь, го́споди*, *бо́га*.

Кроме того, данное произношение благодаря старомосковским орфоэпическим нормам до сих пор наблюдается в отдельных словах русского литературного языка (преимущественно церковного характера): старшее поколение русскоговорящих часто произносит *бла́го* - *бла́*[**γ**]*о*, *бла́г* - *бла́*[**х**]. В соответствии с этой произносительной нормой строится и произнесение слова *бога́тый* - *бо*[**γ**]*а́тый*.

Однако в современном русском литературном языке эта норма частично утрачивается, поэтому преобладающим становится произношение, соответствующее основным принципам русской фонетической системы: *бо́[г]а, бла́[г]о, бо[г]а́тый, бла́[к].*

Отметим, что в некоторых русских диалектах, в которых есть корреляционная пара - глухой щелевой заднеязычный согласный [**х**] и звонкий щелевой заднеязычный согласный [**γ**], в словах на месте согласного [г] произносится как [γ], например: *говори́ть* - [γ]*овори́ть*, *го́род* - [γ]*о́род, дорого́й - доро*[γ]*о́й.* Разумеется, эти варианты, характерные для южных говоров России, относятся к числу ненормативных в русском литературном языке.

Несколько слов об «озвучивании» буквы **К**. Оказавшись в Москве, вы можете услышать чаще всего от пожилых людей произношение слов *кто́, к тому́, до́ктор, дире́ктор* как [**х**]*то*, [**х**]*тому*, *до*[**х**]тор, *дире*[**х**]*тор*. Это проявление старомосковской нормы, которая к сегодняшнему дню считается устаревшей.

2. Непроизнесение В, Г, Д, К, Т в сочетаниях с разными согласными

Сочетание ***вств*** произносится

- без первого согласного [***в***], то есть как [**ств**]: *чу́****вств****о* - *чу*[**ств**]*о*, *здра́****вств****уй* - *здра́*[**ств**]*уй* и однокоренных с ними словах.

Сочетание **ргск** произносится

- без согласного [**г**], то есть как [**рск**]: *петербу́****ргск****ий*-*петербу́*[**рск**]*ий*, *га́мбу****ргск****ий* – *га́мбу*[**рск**]*ий.*

Сочетание ***ндск*** произносится

- без согласного [***д***], то есть как [**нск**]: *исла́****ндск****ий* – *исла́*[**нск**]*ий, финля́****ндск****ий* – *финля́*[**нск**]*ий.*

<u>Сочетание **сдц** произносится</u>

- без согласного [***д***], то есть как [**сц**]: *узда́ - под⋂уздцы́* – под⋂ у[**сц**]ы).

<u>Сочетания **ндц, рдц и рдч** произносятся</u>

- без согласного на месте ***д***, то есть как [**нц**], [**рц**],[**рч**]: *таила́**ндц**ы* – таила́[**нц**]*ы*, *се́**рдц**е* – *се́*[**рц**]*е*, *сер**дч**и́шко* – *се*[**рч**]*и́шко*.

<u>Сочетание ***скс*** произносится</u>

- без согласного [***к***], то есть как долгий [***с:***] *ба́**скс**кий* – *ба́*[**с:**]*кий*.

<u>Сочетание ***лнц*** произносится</u>

- без согласного [л], то есть как [**нц**] : *со́**лнц**е* – *со́*[**нц**]*е*.

<u>Сочетание ***нтск*** произносится</u>

- без согласного ***т*** как [**нцск**]: *ташке́**нтск**ий* – *ташке́*[**нцск**]*ий*, *ассисте́**нтск**ий* – *ассисте́*[**нцск**]*ий*.

  ! в разговорной речи без согласного [***т***], то есть как [**нск**]: *протеста́**нтск**ий* – *протеста́*[**нск**]*ий*, *гига́**нтск**ий* – *гига́*[**нск**]*ий*.

<u>Сочетание **стц** произносится</u>

- без согласного [***т***]то есть как [**сц**] : *ис**те́**ц* – *ис**тц**а́* - *и*[**сц**]*а́*.

<u>Сочетание **стск** произносится</u>

- без согласного [***т***], при этом образуется двойной (долгий) согласный: *раси́**стск**ий* - *раси́*[**с:к**]*ий*.

3. Произнесение сочетаний согласных

Сочетание ***гк*** произносится как **[хк]**:

- в слове *мя́гкий – мя́*[**хк**]*ий* и в производных от него *мягкосерде́чный – мя*[**хк**]*осерде́чный* и др.,
- в слове *лёгкий – лё*[**хк**]*ий* и в производных от него словах *легково́й – ле*[**хк**]*ово́й* и др.

Сочетание ***гч*** произносится как **[хч]**:

- в словах *ле́гче – ле́*[**хч**]*е, облегчи́ть – обле*[**хч**]*и́ть, мя́гче – мя́*[**хч**]*е, смягчи́ть – смя*[**хч**]*и́ть.*

Сочетание ***гч*** произносится как **[гч]**:

- в слове книжного происхождения *тягча́йший – тя*[**гч**]*а́йший.*

Сочетание ***дс*** произносится как **[ц]**:

- на стыке корня и суффикса
  - в прилагательных: *городско́й – горо*[**ц**]*ко́й,*
  - в существительных: *благоро́дство – благоро́*[**ц**]*тво,*
  - в глаголах: *усе́рдствовать – усе́р*[**ц**]*твовать.*

Сочетание ***дск*** произносится как **[ц]**:

- в названиях городов : *Кислово́дск – Кислово́*[**ц**]*к.*

Сочетание ***дч*** произносится как **[ч:]** с долгим затвором:

- на стыке корня и суффикса:
  - в существительных: *зо́дчество – зо́*[**ч:**]*ество;*
  - в прилагательных: *нахо́дчивый – нахо́*[**ч:**]*ивый;*
- на стыке приставки и корня: *подчеркну́ть – по*[**ч:**]*еркну́ть, предчу́вствовать – пре*[**ч:**]*у́вствовать.*

Сочетание ***дц*** произносится как [**ц:**] с долгим затвором:

- на стыке приставки и корня: *по**дц**епи́ть – по*[**ц:**]*епи́ть*;
- на стыке корня и суффикса: *кана́**дц**ы – кана́*[**ц:**]*ы*;
- в корне слов: *пятна́**дц**ать – пятна́*[**ц:**]*ать*

Сочетания ***жд*** произносится как двойной мягкий ж – [**ж:'**]:

- в слове *до**жд**ик* - *до*[**ж:'**]*ик, до**жд**я – до*[**ж:'**]*я*.

  Это произношение соответствует старой московской норме и, как и указанные выше мягкие варианты, считается , несмотря на новые тенденции, образцовым.

  ! Произношение слова *дождик* с твёрдым двойным [**ж:**] – *до*[**ж:ы**]*к* является диалектным.

Сочетания ***жд*** произносится как [**жд'**]:

- в слове *до́**жд**ик – до*[**жд'**]*ик, до**жд**я́ – до*[**жд'**]*я́*.

  Такое произношение соответствует книжному написанию. Как мы говорили выше, это произношение закрепилось в практике петербургского произношения.

Сочетание ***жж*** произносится как двойной мягкий ж – [**ж:'**]:

- всегда внутри корня в соответствии со старыми московскими нормами: *дро́**жж**и – дро*[**ж:'**]*и*, ***жж**ёт* - [**ж:'**]*от*.

Сочетание ***жж*** произносится как двойной твёрдый [**ж:**]:

- всегда внутри корня в соответствии с новыми нормами: *дро́**жж**и – дро́*[**ж:**]*и*, ***жж**ёт* - [**ж:**]*от*.

Сочетание ***жч*** произносится как [**ш':**]:

- в словах *му**жч**и́на – му*[**ш':**]*и́на*, *перебе́**жч**ик – перебе́*[**ш':**]*ик*.

! Произношение сочетания ***жч*** как [**ш**] в слове *му**жч**ина* является просторечным.

Сочетание ***здч*** произносится как [**ш'ч'**]:

- в слове *боро**здч**атый – боро*[**ш'ч'**]*атый.*

Сочетание ***зж*** произносится как двойной мягкий ж – [**ж:'**]:

- внутри корня слов, в соответствии со старыми московскими нормами: *е́**зж**у – е*[**ж:'**]*у, по́**зж**е – по*[**ж:'**]*е.*

  ! Отметим, что русская классическая сцена придерживается до сих пор именно этого варианта произношения.

Сочетание ***зж*** произносится как двойной твёрдый [**ж:**]:

- на стыке приставки и корня: *и**зж**арил – и*[**ж:**]*арил, **сж**ёг –* [**ж:**]*ог.*
- на стыке предлога и следующего слова: *бе**з ж**ены́ - бе*[**ж:**]*ены́, и**з ж**и́ра – и*[**ж:**]*и́ра.*
- Внутри корня: *е́**зж**у – е́*[**ж:**]*у, по́**зж**е – по́*[**ж:**]*е.*

  ! Такое произношение является более поздним, противостоящим старомосковскому варианту (см. об этом ниже).

Сочетание ***зч*** произносится также как [**ш':**]:

- на стыке корня и суффикса ***-ч***: *ре́**зч**е – ре́*[**ш':**]*е;*
- на стыке корня и суффикса ***-чик***: *расска́**зч**ик – расска́*[**ш':**]*ик;*
- на стыке корня и суффикса ***-чивый***: *навя́**зч**ивый - навя́*[**ш':**]*ивый.*

Сочетание ***зч*** произносится как [**ш'ч'**]:

- на стыке предлога и следующего слова: *бе**з ч**у́вств – бе*[**ш'ч'**]*у́вств.*

<u>Сочетание ***зш*** произносится как двойной твёрдый **ш**</u> - [**ш:**]:

- на стыке корня и суффикса ***-ш***: *вы́лез**ш**ий – вы́ле*[**ш:**]*ий*;
- на стыке предлога и следующего слова: *бе**з** **ш**у́ма – бе*[**ш:**]*у́ма.*

! Утрата долготы согласным [**ш:**] характерна для просторечного произношения.

<u>Сочетание ***сж*** произносится как двойной твёрдый</u> [**ж:**]:

- на стыке приставки и корня: ***сж****ёг* – [**ж:**]*ог*;
- на стыке предлога и следующего слова: ***с ж****ено́й* – [**ж:**]*ено́й.*

<u>Сочетание ***стч*** произносится как</u> [**ш':**]

- в прилагательных сравнительной степени: *жё**стч**е – жё*[**ш'**:]*е*;

<u>Сочетание ***сч*** произносится так же как</u> [**ш':**]

- на стыке корня и суффикса ***–чик***: *подпи́**сч**ик – подпи́*[**ш':**]*ик*;
- на стыке корня и суффикса ***–чивый***: *зано́**сч**ивый – зано́*[**ш':**]*ивый*;
- на стыке приставки ***рас-*** и корня с последующим ***-сч***: *ра**сс****читаться* – ра[**ш':**]итаться.

! Существует другой, менее предпочтительный вариант произношения этого сочетания – [**ш'ч'**].

- в словах с <u>неявно</u> выраженной приставкой: ***сч****а́стье* – [**ш':**]*а́стье.*
- в словах *сейчас* и *тысяча* в разговорной речи в неполном стиле произнесения (беглой речи), когда появляется сочетание согласных ***сч***: ***сч****ас* – [**ш':**]*ас* и *ты**сч**а – ты*[**ш':**]*а.*

! Утрата мягкости согласным [**ш':**] характерна для просторечного произношения, например, *ты* [**ш:**]*а.*

<u>Сочетание ***сч*** произносится как</u> [**ш'ч'**]:

- на стыке предлога и следующего слова: ***с ч****у́вством* – [**ш'ч'**]*у́вством.*
- на стыке ясно выделяемой приставки и корня: *бе****сч****елове́чный* – *бе*[**ш'ч'**]*елове́чный.*

<u>Сочетание ***сш*** произносится как двойной твёрдый</u> [**ш:**]:

- на стыке предлога и следующего слова, начинающегося на **ш**: ***с ш****есто́м* – [**ш:**]*есто́м;*
- на стыке приставки и корня: *бе****сш****у́мный* – *бе*[**ш:**]*у́мный.*

<u>Сочетание ***сш*** произносится как твёрдый</u> [**ш**]:

- в словах *сума****сш****е́дший* – *сума*[**ш**]*е́дший* и *ма****сш****та́б* – *ма*[**ш**]*таб.*

<u>Сочетание ***тс*** произносится как</u> [**ц**]:

- на стыке корня и суффикса
  - в прилагательных: *яку́****тс****кий* – *яку́*[**ц**]*кий*;
  - в существительных: *де́****тс****тво* – *де́*[**ц**]*тво*;
  - в глаголах: *отсу́****тс****твовать* – *отсу́*[**ц**]*твовать.*

<u>Сочетание ***тс*** произносится как двойной согласный</u> [**цц**], то есть [**ц:**] с долгим затвором:

- на месте сочетания ***тс*** между гласными на стыке личного окончания 3-го лица и возвратной частицы *–****ся***: *стесня́ю****тся*** – *стесня́ю*[**ц:**]*я.*

<u>Сочетание ***тск*** произносится как</u> [**ц**]:

- в названиях городов: *Бра****тск*** - *Бра*[**ц**]*к.*

<u>Сочетание ***тц*** произносится как</u> [**ц:**] с долгим затвором:

- на стыке приставки и корня: *от**ц**епи́ть* – *о*[**ц:**]*епи́ть*;
- на стыке корня и суффикса: *тибе́**тц**ы* – *тибе́*[**ц:**]*ы*;

<u>Сочетание ***тч*** произносится как</u> [**ч:**] с долгим затвором:

- на стыке корня и суффикса: *лё**тч**ик* – *лё*[**ч:**]*ик*;
- на стыке приставки и корня: *о**тч**а́янный* – *о*[**ч:**]*а́янный, о**тч**ётливый* – *о*[**ч:**]*ётливый.*

  ! Обратим внимание, что слова *отчаянный, отчётливый* и др. имеют варианты произношения с предшествующим твёрдым затвором: *о*[**тч**]*а́янный*, *о*[**тч**]*ётливый*, с неполным выделением приставки, что характеризует **высокий стиль** произношения.

<u>Сочетание ***тьс*** произносится как двойной согласный</u> [**ц**],то есть [**ц:**] с долгим затвором:

- в инфинитиве: *стесня́**ться*** – стесня́[**ц:**]я.

<u>Сочетание ***чн*** произносится как</u> [**шн**]:

- в словах *коне́**чн**о* – *коне́*[**шн**]*о*, *наро́**чн**о* – *наро́*[**шн**]*о*, *пра́че**чн**ая* – *пра́че*[**шн**]*ая, пе́ре**чн**ица* – *пе́ре*[**шн**]*ица* (только в значении *сварливая пожилая женщина*: *чёртова пе́ре*[**чн**]*ица*, *ста́рая пе́ре*[**чн**]*ица*), *пустя́**чн**ый* – *пустя́*[**шн**]*ый*, *ску́**чн**о* – *ску́*[**шн**]*о*, *яи́**чн**ица* – *яи́*[**шн**]*ица*, а также в женских отчествах на –**ична**: *Ильи́ни**чн**а* – *Ильи́ни*[**шн**]*а*, *Кузьми́ни**чн**а* - *Кузьми́ни*[**шн**]*а*, *Ники́ти**чн**а* – *Ники́ти*[**шн**]*а*.

<u>Сочетание ***чн*** произносится как</u> [**чн**] и как [**шн**]:

- в словах *бу́ло**чн**ая*, *горчи́**чн**ик*, *копе́е**чн**ый*, *лаво́**чн**ик*, *подсве́**чн**ик*, *поря́до**чн**ый*, *скворе́**чн**ик*, *ша́по**чн**ый,* однако отметим, что все варианты произношения [**шн**] в этих словах современными словарями определяются как **устаревающие**.

Сочетание ***чн*** произносится как [**чн**]:

- во всех других случаях в соответствии с написанием: *да́****чн****ый*, *коне́****чн****ый*, *отли́****чн****о* и т.д.

  ! Появление [**шн**] в случаях, когда должно звучать [**чн**] придаёт речи сниженную, просторечную, а иногда и диалектную окраску.

Сочетание ***чт*** произносится как [**шт**]:

- в слове *что* – [**шт**]*о* и в производных от него словах ***чт****о́бы*, ***чт****о́-то*, *что́-нибудь, ни за* ***что́****, ко́е-****что****, не́ за* ***что****, ни****что́***.

Сочетание ***чт*** произносится как [**чт**]:

- только в одном производном от *что* слове *не́****чт****о – не́*[**чт**]*о*.

Акцентологические нормы (нормы ударения)

Акцентологические нормы (от лат. *accentus* - ударение) или нормы русского словесного ударения – наиболее трудный «участок» освоения русской речи не только для иностранцев, но и для многих носителей русского языка. Если, например, в эстонском, латышском, чешском, финском языках ударение почти всегда падает на первый слог, в польском, грузинском - на предпоследний, в армянском, французском - на последний, то в русском языке ударение **свободное**, то есть нефиксированное и может, как говорят, «падать» на любой слог, то есть быть разноместным. Вот, как, например, в трёхсложных словах *до́рого*, *доро́га*, *дорога́*. И это является серьёзной трудностью в изучении русского языка.

Во-вторых, русское ударение не только **свободное**, но и **подвижное**: оно может переходить на другой слог при изменении слова (*язы́к – языка́*) или при образовании новых слов (*ударе́ние – уда́рный*).Таким образом, изучающему русский язык иностранцу надо не только знать место ударения в слове, но и запомнить, как оно «прыгает» в разных его формах. Однако, к счастью, большая часть слов русского языка (около 96%) имеет **неподвижное ударение** (*уче́бник, уче́бника, уче́бнику, уче́бный*) .

В-третьих, русское ударение часто выполняет **смыслоразличительную функцию**: *му́ка – мука́* (*му́ка* – страдание, *мука́* – продукт питания), *па́хнуть – пахну́ть* (*па́хнуть* – издавать запах, *пахну́ть* - начать дуть), *жа́ркое – жарко́е* (*жа́ркое* – источающее жару, *жарко́е* – мясное блюдо).

Русское ударение выполняет и **форморазличительную функцию** в слове. Например: *ру́ки* (И.п., мн.ч.) – *руки́* (Р.п., ед.ч.), *хо́дите* (изъяв.накл.) – *ходи́те*(повелит.накл.), *рассы́пать*(сов.в.) – *рассыпа́ть* (несов.в.).

Ударение имеется почти в каждом самостоятельном слове, без него слово остаётся неоформленным. Однако служебные слова и частицы примыкают к самостоятельным значимым словам и обычно не имеют ударения, например: *Чтобы сно́ва верну́ться к тебе́, я с тобо́ю до́лжен прости́ться*; *Не только не* хочу́, *но и не могу́ е́хать*. Кроме того и некоторые употребительные вводные слова могут быть безударными, например: *так сказать*, *говорит*, что ведет к изменению их звукового облика в связи с редукцией гласных: [*тъкскъзът*'], [*гъвър'ит*], [*гр'ит*].

Безударным часто бывает и слово *брат,* употребляемое в качестве обращения (но не в обычном своем лексическом значении, а в расширенном): *Я, брат, под горячую руку могу и преступление совершить* (А.П. Чехов. Юбилей).

Наоборот, некоторые односложные предлоги: *на*, *за*, *об*, *от*, *по*, *без* принимают на себя ударение, и в этом случае следующее за ним самостоятельное слово оказывается безударным. Такое произношение характерно для сочетаний,

- входящих в состав фразеологизмов: *лезть на́ стену* - сравните: *повесить картину на сте́ну*, *брать за́ душу* - сравните: *молиться за ду́шу человека*, *идти рука о́б руку* - сравните: *удариться об ру́ку* (разг.-прост.), *час о́т часу не легче* - сравните: *буду ждать вас от ча́су до двух*, *дать по́ лбу* - сравните: *провести рукой по лбу́*, *бе́з году неделя* - сравните: *Она прожила без го́да - век!* (заглавие Интернет-статьи);
- относящихся к разговорному стилю и часто даже просторечию: *пойдём на́ реку, иду по́ воду, походить по́ лесу, бе́з соли сидим, схватить за́ волосы.*

Академическая грамматика выделяет несколько закономерностей в перемещении ударения с самостоятельного слова на такие предлоги как ***за***, ***на*** и ***по.***

Предлог ***за*** в сочетаниях с существительными винительного падежа принимает ударение при следующих значениях этого предлога:

- **по ту сторону, вне, позади чего-нибудь**: *уплыть за́ море*; *уйти за́ реку*, *за́ гору*, *положить за́ щеку*, *за́ ухо*; *заложить руки за́ спину*, *за́ голову*, *ногу за́ ногу*;
- **при указании на точку приложения силы**: *схватить*

(схватиться, держать, тянуть, взять) за́ руку, за́ голову, за́ нос, за́ плечи, за́ волосы;

- **в течение какого-нибудь срока**: *сделать за́ год, за́ день, за́ зиму, за́ ночь;* здесь же: *заплатить за́ день, за́ год*;
- **до какого-то временного предела**: *за́ день, за́ год* (до чего либо).

Предлог ***на*** в сочетаниях с существительными винительного падежа мужского, женского и среднего рода, а также в сочетаниях с существительными предложного падежа среднего рода оказывается под ударением при следующих его значениях:

- **при обозначении поверхности, на которой располагается или на которую направляется что-нибудь**:
упасть (сесть, лечь) на́ пол; *спустить на́ воду; выйти на́ море, подняться на́ гору; надеть на́ голову, на́ руку*, *на́ ноги*; ударение колеблется, когда речь идет о **направлении взгляда**: *смотреть* (*взглянуть*) *на по́л* и *на́ пол*, *на ру́ки* и *на́ руки*;
- **при указании точки соприкосновения с опорой**: *встать на́ ноги, на́ руки, на́ голову; лечь, упасть на́ спину*;
- **при обозначении срока, промежутка времени**: *запастись (хватит, растянуть) на́ год, на́ зиму, на́ день*;
- **при указании меры различия**: *на́ год старше*; *на́ голову выше; на́ день позже;* здесь же: *отложить на́ год, на́ день.*

Предлог ***по*** получает ударение в сочетаниях с существительными дательного падежа в следующих его значениях:

- **при обозначении движения**: *ходить (гулять, бегать) по́ двору, по́ полю, по́ лесу*;
- **при обозначении размещения по поверхности**: *рассыпаться по́ полу, плавать по́ морю.*

При других значениях названных предлогов ударение на них не перемещается: *принял облако за го́ру; его ценят за го́лову, за ру́ки; опасаюсь за но́ги; обратите внимание на го́ру, на ру́ки; понадеялись на зи́му; налог на зе́млю; тоска по мо́рю.*

Перемещения ударения на предлог **не происходит** также, если существительное имеет при себе согласованное определение: сравните: *плавать по́ морю*, но *плавать по си́нему мо́рю*; если за существительным следуют зависящие словоформы или оно входит в ряд словоформ: *на го́ру Шума́к*; *за го́д и два́ ме́сяца*; *пригласи́ть на де́нь рожде́ния*; *уста́ть за де́нь перее́зда*; *по сне́гу и льду́*; *по мо́рю Ла́птевых*; *держа́лся за ру́ку дру́га.* Однако, как отмечает Академическая грамматика, в современном языке перемещение ударения в рассматриваемых сочетаниях отличается неустойчивостью. Кроме отмеченных факторов, на него могут влиять и другие: ритмика фразы, отношение к интонационному центру предложения.

Кроме **основного** ударения, о котором шла речь выше, в русском языке различается и так называемое **слабое** или **побочное** ударение. Слабое ударение обозначается знаком **гравис (à)**, в отличие от основного ударения, обозначаемого знаком **акут (á)**.

Побочное ударение имеют:

- некоторые многосложные слова: *Кра̀снознамённый* (ансамбль песни и пляски), *чѐрносморо́диновое* (варенье), *хлѐбосо́льство, жа̀р-пти́ца.*

- слова с приставками *после-*, *сверх-*, *около-*, *меж-*, *анти-*, *вне-*, *контр-*: *по̀слеперестро́ечный* (период), *свѐрхсро́чная* (служба), *о̀колозе́мное* (пространство), *мѐжэтни́ческие* (конфликты), *а̀нтимонопо́льная* (политика), *внѐко́нкурсная* (программа), *ко̀нтрнаступле́ние.*

- предлог *сквозь*: ***Сквозь** волнистые туманы пробирается луна* (А.С.Пушкин. Зимняя дорога).
- глаголы *быть* и *стать* в связочном употреблении: *Я **буду** жить там. И она **стала** рассказывать эту историю.*
- слово *было* (в значении прерванности или несовершения действия, выраженного глаголом - сказуемым): *Я **было** согласился прийти, но в последний момент, подумав, отказался.*
- слово *бывало* (в значении неоднократно совершавшегося в прошлом, повторявшегося действия, выраженного глаголом-сказуемым): *Молюсь я, **бывало**, молюсь, и всё думаю про вину мою великую перед ним* (Вяч. Иванов. Достоевский и роман-трагедия).

Надеемся, что знакомство с нормами и вариантами русского произношения обеспечит вам адекватное восприятие звучащей русской речи и будет способствовать формированию более высокого уровня владения устной русской речью во всём её стилевом разнообразии.

Интонационные нормы

Всё огромное богатство русской интонации и её комбинаторных возможностей очень трудно уложить в жёсткие нормативные рамки. Однако в практических, методических целях это оказалось возможным: замечательному российскому педагогу Елене Андреевне

Брызгуновой[42] удалось представить в семи основных интонационных конструкциях - ИК-1, ИК-2, ИК-3, ИК- 4, ИК-5, ИК-6, ИК-7 - основные типы высказываний. На этапе вашего начального обучения русскому языку вы, конечно же, знакомились с основными значениями этих типов. Однако в нашем курсе вы познакомитесь с добавочными эмоционально-смысловыми оттенками звучащего предложения в потоке речи.

Значения, выражаемые посредством ИК-1.

Как вы знаете, обычно ИК-1 используется в речи для выражения завершённости при отсутствии смысловых выделений, подчёркиваний и противопоставлений. Как правило, ИК-1 употребляется:

- в односинтагменных предложениях:

Урок окончен. Ребята выступили хорошо.[43]

- в конечных синтагмах многосинтагменных предложений:

Завтра мы поедем на экскурсию, / и ты всё увидишь сам.

Однако в диалогической и монологической речи при усилении смысловой самостоятельности пояснения появляется ИК-1(2), то есть при нерезком понижении тона в центре синтагмы происходит увеличение интенсивности гласного:

1. - *Могу я пройти к директору?*
   - *Он сейчас занят.*
   - *Но я только на секундочку...*

[42] Брызгунова Е.А. Звуки и интонация русской речи. – М., изд-во «Рус. язык», 1977.

[43] Здесь и далее с помощью цвета мы будем выделять интонационные центры высказываний.

- Я же сказала вам, он занят! [за-а-нят]

В приведённом диалоге этот тип интонации употреблён при выражении **лёгкого раздражения, недовольства** поведением собеседника. Здесь последняя реплика дополнительно означает: ***Мне не нравится, что вы не хотите понять меня с первого раза.***

2. *- К сожалению, я всё-таки опоздал на собрание!*
- Вот-вот![*во-от*]*! А я говорил* [гъв^р и-и-л] *вам - поторопитесь!*

В этом диалоге ИК-1(2) употреблена с целью выражения **уверенности** в правоте сказанного ранее: ***Я вас предупреждал, что вы можете опоздать.***

3. *- А мне ваше* [ва-а-шь] *сочинение понравилось!*
- Правда? Спасибо большое!

В этом диалоге в первой реплике выражается значение **подчёркнутого расположения** говорящего к собеседнику: ***именно ваше сочинение понравилось, а не чьё-нибудь.***

Значения, выражаемые посредством ИК-2.

А) Основные значения:

Напомним, что ИК-2 в нейтральных реализациях обычно употребляется при выражении вопроса с вопросительным словом:

- Когда вы приехали?
- Кому ты отдал книгу?
- У кого ты был?

В многосинтагменных предложениях эта конструкция употребляется обычно в конечной синтагме в вопросах с союзом ***или***:

- Он поедет / или нет?
- Ты идёшь / или остаёшься?

Б) Дополнительные эмоционально-оценочные значения находят выражение в следующих диалогах:

- Он уже приехал?
- Кто?
- Ну,кто?! Володя!

(Говорящий выражает **некоторое недовольство** недопониманием собеседника - ***Разве непонятно, что речь идёт о Володе?!***)

- Коль, а он чё тебе говорил?
- Чё говорил? Чё говорил? Он и не говорил вовсе, а промзил[44] *меня взглядом и велел записать фамилию.*

(В.Астафьев «Жестокие романсы»)

В этом диалоге в ответных репликах *«Чё говорил? Чё говорил?»* герой рассказа Виктора Петровича Астафьева не спрашивает своих собеседников ни о чём. Эти две вопросительные фразы выражают лишь чувство **досады** героя (по тексту – после унизительного разговора с генералом).

- Я поеду с папой!

(Говорящий выражает **противопоставление**: ***Я поеду, а не ты!***).

[44] *промзил* (диалектное произношение), правильно – *пронзил*.

- Ребята! Не спешите! Осторожно!

(В этих предложениях выражаются **обращение**, **волеизъявление**, **предостережение**.

Значения, выражаемые посредством ИК-3.

А) Основные значения ИК-3:

1. Вопрос без вопросительного слова:

- Это университет? Он преподаватель?

2. Вопрос с сопоставлением:

- Он перевёл текст. И Таня перевела?

3. Вопрос, создающий предположение:

- Ира тоже выступала с докладом?

4. Переспрос при заданном вопросе:

- *Какая сегодня лекция?*
- *Какая сегодня лекция?*

(Дайте подумать, сейчас вспомню).

5. Очень вежливая просьба:

- Вас не затруднит позвонить нам ещё раз?

- Вы не могли бы принять нас завтра?

6. Приглашение к совместному действию:

- Давайте споём!

7. Перечисление (в многосинтагменном предложении):

- Он прекрасно знает русский, / корейский, / английский язык.

8. Незавершённость высказывания в синтагме (в многосинтагменном предложении:
   - *Вчера / на телеканале «Звезда» / шёл знаменитый фильм «Баллада о солдате».*

Б) Дополнительные(добавочные) значения ИК-3:

1. Вопрос без вопросительного слова (с оттенком **осуждения**):
   - *И такие-то шутки у вас в ходу? И они вам нравятся?*

   (А.Вампилов «Старший сын»)

2. Вопрос без вопросительного слова (с оттенком **недоверия**):
   - *И ты пойдёшь?*
   - *Пойду.*
   - *Один?*
   - *Один.*
   - *Нет, я тебя не пущу.*

3. Вопросительное предложение без вопроса (с оттенком **неожиданного удивления**):
   - *Петя курит?Ни за что не поверю!*

4. Вопросительное предложение без вопроса (предложение-**просьба** с оттенком **радостного ожидания):**
   - *Мороженое купишь?*

5. Вопросительное предложение с союзом ***но*** (выражение **наибольшей степени удивления**):
   - *Ми Сун постоянно опаздывает. Но Ён Хан?*

6. Восклицательное предложение с использованием экспрессивно-усилительных слов и сочетаний *столько, как, такой, так, ну и* в конструкции с глаголом совершенного вида (для передачи **динамики интенсивного действия**):

А Лиса кричит: «Как выскочу, как выпрыгну, - полетят клочки по закоулочкам!»

(Русская народная сказка «Лиса, Петух и Заяц)

И вдруг начался такой сильный дождь!

7. Восклицательное предложение с опущенной частью - это обычно глагол – (для выражения **высокой интенсивности действия**):
   - *Ты со своими проблемами!* (***Ты своими проблемами совсем замучил нас!***)

Значения, выражаемые посредством ИК-4.

А) Основные (нейтральные) значения:

1. Неполное вопросительное предложение с сопоставительным союзом ***а:***

   - Вы получили приглашение на конференцию?

   - Да. А вы?

Б) Дополнительные эмоционально-экспрессивные стилистические значения:

1. В повествовательных и восклицательных предложениях, выражающих экспрессию побуждения с оттенками
   - категоричного требования:

     - Дайте пройти!

• покровительственности:

- *Ну, давай-давай, рассказывай.*

• назидания:

- *Слушать надо старших!*

• приглашения:

- *Входите!*

• агрессивности:

- *Ты был сегодня на работе?*

- *Не был.* (***Ну и что? Какое тебе дело до меня?***)

• восхищения:

- *Муж у меня – золото!*

- *Дети у тебя! Чудо!*

• недосказанности (конкретизируется ситуацией или последующим высказыванием):

- *Завтра мне опять рано ехать!* (Как это трудно!)

- *В пятницу в баньку пойду!* (Как это приятно!)

- *На Чусок в Чонан поеду – там фестиваль масок будет !* (Как это интересно!)

- *У меня эта статья есть ...* (**Намеренная недосказанность**: ***Я могу вам её дать, если вы попросите***).

- *Завтра концерт будет...*(***Если тебе интересно, я скажу, что за концерт***).

- *А у меня-то что-то есть!*(**Дразнящая недосказанность**: ***Угадай, что у меня есть или попроси хорошо ещё раз***).

2. В вопросительных предложениях с оттенками

• требования официально-делового характера:

- *Ваши документы?*

• настороженности, вызова:

- *Что ты здесь делаешь?*
- *А что?*

• недоумения:

- *Куда я положила конспект?* (***совершенно не помню***)

• утверждения отрицания:

- *Зачем тебе эти проблемы?* (***совершенно не нужны тебе эти проблемы***)

• деловую заинтересованность:

- *Пойдём с нами!*
- *А что мы будем там делать?*

Значения, выражаемые посредством ИК-5.

А) Основные значения этого типа ИК связаны с выражением высокой степени проявления признака, состояния, действия в предложениях с определительным местоимением *какой, такой,* определительным наречием *как, так* с прилагательными:

- *Какой ужас!*

- *Она такая умница!*

- *Как он хорош!*

- *Это так интересно!*

- *Великолепная музыка!*

- *Это милейший человек!*

- *Это самая известная улица в нашем городе!*

в словах-предложениях:

- *Кошмар!*

- *Оригинально!*

Б) Дополнительные значения ИК-5 реализуются

1. В восклицательных предложениях с оттенками
   - сильного сожаления:

     - *Если бы знать заранее!*

   - сильного желания, надежды:

     - *Хоть бы успел!*

   - предпочтительности;

     - *Что бы ей приехать пораньше!*

2. В вопросительных предложениях с оттенками
   - нетерпения:

     - *Ну, где же добрый доктор?*
       Когда же он придёт?

     (К.И.Чуковский «Доктор Айболит»)

   - досады:

     - *На* ***кой**** *леший, извините за выражение, сдался мне ваш приказчик?* (А.П.Чехов «Медведь»)

     ****На кой леший*** (просторечный бранный вариант) - *зачем, к чему, для чего.*

Значения, выражаемые посредством ИК-6.

А) Основные значения ИК-6:

1. В неконечной синтагме при выражении незавершённости высказывания с оттенками:
   - официально-торжественного настроения:

     - *Поздравляем вас / с этой знаменательной датой!*

   - торжественно-радостного настроения

     - *Будьте здоровы / и счастливы!*

Эти и другие подобные высказывания данной ИК характерны для официально-торжественной речи.

2. В восклицательных предложениях с местоименными словами и частицами и без них при выражении высокой степени проявления признака. В этом употреблении ИК-6 синонимична ИК-5, но в отличие от ИК-5 местоименные слова и частицы не становятся центром интонационной конструкции:

   - *Какие цветочки замечательные!*

   - *Вырос-то ты как!*

   - *Сколько у тебя проблем!*

   - *Жарко тут!*

   - *Варенье мамочка сварила!*

   - *Блинчики!*

Б). Дополнительные значения ИК-6:

1. В восклицательных предложениях с местоименными словами *кто (и все его формы) что, куда, где* с целью привлечения внимания собеседника:

   - Кого я вижу!

   - А что мы сейчас ели!

   - Куда мы ходили!

   - Где мы были!

В этом случае центр интонации обязательно перемещается на последнее слово.

2. В восклицательных предложениях с союзом ***а*** при выражении чувства радости:

   - А я экзамен на пятёрку сдала!

3. В вопросительных предложениях с местоименными словами при выражении недоумения, сожаления:

   - Кто же мне звонил?

   - Кому понадобилось это написать?

4. В вопросительных предложениях при переспросе:

   - В котором часу мы встречаемся?

   - В десять.

   - В котором, простите, часу? Я не понял.

Значения, выражаемые посредством ИК-7.

А) Основные значения ИК-7:

1. В восклицательных предложениях ИК-7 передаёт невозможность признака, действия, состояния, при усилении утверждения или отрицания:
   - *Какая она певица! У неё и голоса-то нет.* (Она не может, не умеет петь - **усиленное отрицание способности петь**).

   - *Какое мне отдыхать! Работы полно!* (Мне некогда отдыхать – **усиленное утверждение невозможности отдыхать**).

   - *Где уж теперь успеть!* (Нам ни за что не успеть – **усиленное утверждение невозможности успеть куда-либо**).

Б) Дополнительные значения ИК-7:

1. В восклицательных императивных предложениях с частицей *не* для выражения согласия, одобрения или неодобрения в качестве ответной реплики:
   - *Такая жара сегодня!*
   - *Не говори!* (Да, ужасная жара! – ***абсолютно с тобой согласен***).

   - *Скучный какой спектакль! Только время зря потеряли!*
   - *Не говорите!* (***Да, я одобряю ваше мнение***).

2. В восклицательных предложениях для выражения оценки с оттенком большого удовлетворения, вынужденного согласия с оценкой, подтверждения оценки:

- Хороший он парень-то?

- Хороший!

- Ведь она же грубиянка!

- Грубая, да. А что делать?

- По-моему, он очень интересный человек!

- Интересный! Верно!

Таков, в целом, перечень стилистических реализаций семи интонационных конструкций русской речи. Они помогут вам наиболее точно выражать ваши намерения в различных ситуациях общения с носителями русского языка и адекватно воспринимать живую русскую речь во всём её эмоционально-стилистическом спектре.

ЛИТЕРАТУРА
для дополнительного чтения

1. Аванесов Р.И. Русское литературное произношение.М., 1984.

2. Бельчиков Ю.А. Стилистика и культура речи.М.,2000.

3. Скворцов Л.И. Теоретические основы культуры речи.М.,1980.

РУССКАЯ УСТНАЯ РЕЧЬ

Стилистика ☙ Культура речи ☙ Риторика

III

РИТОРИКА

Аристотель

(384 - 322 до н. э.)

Ломоносов
Михаил Васильевич
(1711 – 1765)

Станиславский
Константин Сергеевич
(1863 - 1938)

Часть III. РИТОРИКА

Для начала давайте прочтём несколько русских народных пословиц и поговорок, в которых даётся оценка речи людей:

1) *Слово вымолвит, словно жвачку прожуёт.*

2) *Говорит, что родит.*

3) *Слово за словом на черепашьих ногах ползёт.*

4) *Говорит, словно в стенку горохом сыплет.*

5) *Говорит, как сквозь зубы цедит.*

6) *Бормочет как глухарь.*

7) *Горлом изба не рубится.*

8) *За твоим языком не поспеешь босиком.*

О каких особенностях звучащей речи здесь говорится?

Совершенно верно, - об отрицательных, нежелательных. О тягуче-медлительной речи - в первом примере; о тяжеловесной, с потугами речи – во втором; о замедленной, скорее всего со всевозможными *э-э, м-м, ну-у* и другими звуковыми добавками – в третьем; о крикливой режущей слух – в четвёртом; о неприятно-неразборчивой – в пятом; о невнятно-глухой – в шестом; о неуместно громкой – в седьмом и об очень быстрой, так называемой, «пулемётной», речи в восьмом примере.

А вот образец другой речи:

А как речь-то говорит, будто реченька журчит

- так описывает речь Царевны-Лебеди А.С. Пушкин в своей знаменитой «Сказке о царе Салтане...». Наверное, и не нуждается эта оценка в дополнительных комментариях.

Любой нормальный человек говорит для того, чтобы быть понятым. Или, как мы отмечали в первой главе, для того, чтобы достичь какой-либо цели – убедить кого-либо в своей правоте, либо призвать к какому-либо действию, наконец, просто вызвать к себе симпатию или сочувствие. Иногда это удаётся, иногда нет. Для того, **чтобы это удавалось**, чтобы *дар речи*, данный нам природою превратился в умение говорить «красно»[45], необходимо, как мы уже говорили во Введении, и теоретически и практически осваивать науку, издавна называемую в России **красноречием,** а в наше время – **риторикой.** В этой, последней части пособия, мы кратко познакомим вас с основными риторическими понятиями и терминами, совершим экскурс в историю риторики и остановимся на рассмотрении одного из важнейших разделов риторики - техники речи.

[45] Красно (архаизм, старое русское слово) – красиво (вспомните о значении слова «*красная»,* например, в словосочетании *Красная площадь*).

ЧТО ТАКОЕ РИТОРИКА?

Слово «риторика» греческого происхождения. Древнегреческое слово *rheo* означало «говорю, лью, теку». От него произошло слово *rhetor*, что значило «оратор», «ритор». Это слово и дало название науке: *rhetorike* – риторика или *rhetorike techne* - мастерство или **искусство ораторской речи**.

Во времена греческой античности (V – I в.в. до н.э.) риторика трактовалась как «искусство убеждения» (Горгий, Платон, Исократ, Аристотель и др.). В теории римского красноречия было наиболее популярно определение риторики, данное Квинтилианом: «ars bene dicendi» - «искусство говорить хорошо». Конкретные задачи обучения красноречию сформулировал Цицерон: «Оратор должен изобрести, расположить, украсить (выразить, изложить известным слогом)».

Во времена эпохи Возрождения риторику определяли как « искусство украшения речи».

Современное понимание риторики в основном связывается с понятием «культура». Культура обобщает положительный опыт речевого творчества, указывает способ оптимального пользования речью.

Основываясь на классических идеях европейской и отечественной культуры, русская современная риторика рассматривает общие вопросы речевой коммуникации. Она касается всех видов речевого взаимодействия: это и риторика бытовой речи (обыденная риторика), и политическая, и педагогическая, и юридическая, и конечно, риторика средств массовой коммуникации.

Определение современной риторики включает в себя следующие толкования:

- **Риторика – фундаментальная теория и искусство речи**. Искусство речи – это практическое умение владеть всеми средствами языка в разных ситуациях общения.

- **Риторика – искусство мыслить**. Обучение речи (языку, слову) невозможно без одновременного обучения мыслить – и мыслить нравственно. Слова Квинтилиана о том, что *«совершенным оратором никто быть не может, не будучи добрым человеком»*, как никогда актуальны и в наше время, потому что вне духовно-нравственной основы невозможно представить обучение риторике.

- **Риторика – теория и практика совершенной речи,** которая всегда убедительна, красива, уместна, эффективна, целесообразна.

- **Риторика – учение о речевом воспитании личности.** Риторика, формируя навыки публичной речи, способствует и формированию личности человека, прежде всего его идеологии, знаний, жизненной позиции, способности выражать и защищать свою точку зрения в разных ситуациях общения.

- **Риторика – теория и практика речи** развитого информационного общества, предполагающая изучение большого разнообразия текстов, включённых в культуру: от бытовой речи до речи средств массовой коммуникации.

Развитая языковая личность должна хорошо ориентироваться во всех существующих стилях речи и, зная и понимая их природу, в совершенстве владеть навыками эффективного общения.

Краткие сведения о становлении риторики как науки

Риторика – одна из самых древних наук на земле, её возраст насчитывает примерно 2500 лет. Родиной риторики стала Древняя Греция в эпоху афинской демократии. В то время умение выступать публично считалось необходимым качеством каждого полноправного гражданина. Умение говорить убедительно определяло судьбу человека. И это закономерно: все принципиальные вопросы в Древних Афинах решались Народным собранием. Это означало, что степень влияния на умы и чувства граждан во многом зависела от искусства красноречия. Поэтому искусство владения словом в Древней Греции стало высоко ценимым и социально значимым.

«Изобретателем риторики», по словам Аристотеля, был греческий философ **Эмпедокл** (ок.495 – 435 г.г. до н.э.). Эмпедокл положил начало риторике введением в практику публичных выступлений различных ораторских приёмов, которые он использовал как в стихах, так и в своих речах, с которыми ему, как политическому деятелю приходилось обращаться к народу.

Его ученики – **Коракс** и **Тисий**, создатели первого учебника по ораторскому искусству, знаменитый **Горгий из Леонтин**, фактический основатель риторики, - все они создавали школы красноречия и писали образцовые и учебные речи. Однако реально разработка теории риторики начинается с трактата **Аристотеля** «Риторика».

Другой известный труд эпохи античности - это знаменитые «Двенадцать книг риторических наставлений» Марка Фабия Квинтилиана[46], которые иногда для краткости называют «О воспитании оратора» или «Образование оратора». В этой книге Квинтилиан детально и подробно излагает всю систему изучения искусства красноречия. Труд Квинтилиана стал в течение многих веков, вплоть до нашего времени, основой для многих учебных пособий по риторике в разных странах мира.

Первый **русский** учебник риторики датирован 1620 годом. Но первая научная риторика – «Краткое руководство к риторике» была создана русским учёным-энциклопедистом Михаилом Васильевичем **Ломоносовым** в 1743 году.

Временем расцвета русской «учёной» риторики с постепенным становлением науки словесности является период с 1790-х годов до 60-х годов XIX века. С этим периодом развития русской риторики связаны такие известные имена, как А.С.Никольский, И.С.Рижский, М.М.Сперанский, А.Ф.Мерзляков. Среди них - замечательный педагог и теоретик риторики, учитель российской и римской словесности в Царскосельском лицее, учивший А.С.Пушкина, - Николай Фёдорович Кошанский, написавший самые популярные учебники того времени «Общую реторику» и «Частную реторику»[47].

Последним учебником русской классической риторики стал «Курс русской словесности», написанный профессором К.П. Зеленецким в 1849 году.

---

[46] Марк Фабий Квинтилиан (около 35 г. н.э. – около 96 г.н.э.).

[47] слово «реторика» Н.Ф.Кошанский писал через «е», то есть так, как в греческом слове rh**e**torica.

Однако в 50-е годы XIX века риторика начинает исчезать из поля зрения русского общества. Предмет риторики подвергается острой критике за отсутствие связей с бытовой прозой или «народной речью». Появились новые науки - языкознание и литературоведение, а старая фундаментальная риторика начала забываться. В университетах и лицеях отказались от изучения риторики и словесности. Как пишет известный российский исследователь истории русской риторики Владимир Иванович Аннушкин, «неудивительно, что отсутствие обучения деловой речи, фундаментальных исследований в области политической риторики, изъятие научной прозы из образования при всех достижениях научного языкознания и художественно-литературного творчества сделало общество неготовым к риторической критике разнообразных политических течений начала XX века. Так что причина (не будем говорить «вина») событий октябрьского переворота в России во многом связана с той картиной филологической образованности, которая существовала в России со второй половины XIX века по 1917год.
...Победа большевиков оказалась прежде всего «риторической», ибо они оказались убедительнее своих оппонентов в пропаганде, находчивее в аргументации, убедительнее в стиле»[48]

Послереволюционный период, с 1920 по 1990 годы принято называть советским в истории русской риторики: на месте старой риторики был организован ряд дисциплин: культура речи, лингвистика текста, функциональная стилистика, прагматика и др.

[48] см. ст. «Красноречие в России // Эффективная коммуникация: история, теория, практика, с.264.

Однако при всём положительном, что содержат эти теории, их практический потенциал в немалой степени ограничен в связи с отсутствием в них культурно-исторического опыта риторики.

С середины 80-х годов XX века в России наблюдается возрождение риторики. Уже первые годы перестройки продемонстрировали, насколько востребована эта наука в обществе. Начали появляться новые учебники по риторике, в образовательные программы университетов и школ были введены новые курсы под названием «Риторика», а в настоящее время в большинстве российских городов открываются специально организованные центры риторики и ораторского искусства. Работают такие курсы и в Интернете.

Как обучаться риторике?

История риторики накопила богатый опыт обучения речевому мастерству. Знаменитые риторы-педагоги Древней Греции и Древнего Рима считали невозможным обучение риторике без воспитания тела и обучения философии. **Телесное воспитание** важно, потому что вместе с совершенствованием тела совершенствуется и речь: если человек неуклюж, скован, плохо двигается, также скована будет его речь и неповоротлив язык.

Философия в деле обучения риторике выступала в качестве образовательного фундамента. Ритор был обязан стать знающим и образованным человеком. Таким образом, риторика предполагала **физическое** и **духовное** совершенствование человека.

И в современных учебниках по риторике, изданных в России, вы найдёте рекомендации, перекликающиеся с теми, которые были высказаны 2500 лет назад. Вот несколько положений из

«Манифеста ритора», с которым учащиеся знакомятся на первом занятии риторики в московском Государственном институте русского языка им. А.С. Пушкина:

- Ритор – прежде всего достойный человек, добивающийся речевого успеха честным путём и открытыми доказательствами.

- Красноречие слагается из многих знаний и стараний, поэтому ритор трудится вдохновенно и стремится к знанию.

- Ритор шлифует ум и сознаёт, что «богатство языка, - как говорил Н.М. Карамзин, - есть богатство мыслей».

С чего же начать изучение риторики?

Давайте прислушаемся к словам В.И. Аннушкина, автора нескольких учебников по риторике, советы которого могут стать для вас организующим началом в практике вашего риторического воспитания:

Совет I. *Ищите собственный* ***образ оратора****, утверждайте свою позицию, индивидуальный стиль личности.*

Действуя в речи, необходимо ясно формулировать свои взгляды и убеждения, стремиться повлиять на людей. Однако нельзя навязывать свои взгляды, необходимо «быть уместным» и убеждать только ту аудиторию, которая готова выслушать вас. В иных ситуациях необходимо «взять паузу» и промолчать – не исключено, что доказать свою точку зрения удастся позднее. В речи выявляются личность, воля и своеобразие говорящего.

Аристотель[49] определяет это так: «Чтобы убедить кого-то в чём-то, необходимо показать себя человеком известного склада, то есть найти свой уместный образ оратора, маску говорящего».

Образ оратора – важнейшее понятие риторики, совокупное выражение характеристик человека в речи. Образ или маска - это представление об ораторе, которое возникает в сознании слушателя по содержанию речи, словам, произношению, жестам, мимике. Формирование «образа» или «маски» говорящий должен осуществлять, исходя из собственных возможностей в соответствии с местом, временем речи и социально-возрастными особенностями аудитории.

Совет II. *Учитесь говорить практически, приобретайте опыт речевых «сражений».*

Практика будет постепенно оттачивать ваше искусство. В тепличных условиях оратор не может сформироваться, поэтому, если хочешь научиться говорить, - говори! Оратором становятся только в реальной практике, живых диалогах, спорах, дискуссиях, в речевой «борьбе».

А.В.Миртов, классик теории ораторского искусства XX века пишет так: «Смелость, решимость, настойчивость в выступлениях, обдумывание этих выступлений, подготовка к ним, наблюдения чужих выступлений – вот лучшая школа ораторства. Школой красноречия может быть лишь жизнь, практика. А книга – только пособие, освещающее эту жизнь и практику».[50]

---

49 Аристотель.Риторика//Античные риторики. М., 1978. - с. 20.

50 Миртов А.А. Умение говорить публично. 3-е изд., М., 1927.

Совет III. *Анализируйте собственные и чужие выступления, учитесь находить в них достоинства и недостатки, перенимая первые и устраняя последние.*

Даже если вы сетуете на свою «плохую» речь, это уже верный признак того, что вы над нею задумались. Это уже начало риторической учёбы. Значит, завтра вы постараетесь не повторять вчерашних ошибок, а послезавтра забудете о них. Активное отношение к недостаткам собственной речи, самоанализ и стремление совершенствоваться, наблюдение над выступлениями других ораторов ведут нас к следующему совету:

Совет IV. *Найдите образец и у него учитесь.*

Для начала постарайтесь понять, какой стиль предпочтителен для вашей личности. Наверное, каждый из вас когда-нибудь восхищался чьей-либо речью, - это означает, что имеются образцы речевого творчества, которым хочется подражать. В детстве такими образцами бывают родители или родственники, являющиеся авторитетом для ребёнка; когда мы взрослеем, такими образцами нередко становятся старшие товарищи, а в школе – понравившиеся учителя.

Слушая таких людей, вы должны анализировать, в чём причина их успеха, а затем сформировать свой собственный облик, «образ», стиль как индивидуальную манеру поведения. Попутно ещё один маленький совет: в публичном обсуждении вам не следует присоединяться к «мнению предыдущего оратора».

Совет V. *Изучайте законы и правила риторики.*

Законами называются теоретические положения, выведенные из практики ораторского красноречия или речевого общения в целом. Из законов выводятся правила для практического пользования речью. Сами правила есть следствия удачного или неудачного применения законов.

Например, одним из главных риторических законов является **закон создания государства средствами речи**. Правилом для этого закона будет **эффективность организации речи**: если государство организовано таким образом, что право на речь имеет только один человек или ограниченный круг людей, а сами граждане не имеют юридического права или физической возможности высказывать своё мнение, государство не будет благополучным и эффективным.

Совет VI. *Знакомьтесь с творчеством писателей и ораторов разных эпох и стилей.*

Невозможно стать хорошим оратором, не изучив как образцовые сочинения культурно-исторической среды, в которой вы родились, так и произведения иноязычных авторов различных культур. Каждый человек, входящий в культуру, стремится освоить предыдущий опыт человеческой деятельности, познакомиться с классическими примерами. Так, для русской художественной культуры образцами литературного творчества являются сочинения Ломоносова, Пушкина, Лермонтова, Гоголя.

Совет VII. *Упражняйтесь и практикуйтесь в написании и произнесении речей.*

Представьте себя в ситуации будущей речи, тренируйте свою речь. Найдите возможность проговорить выступление перед опытными преподавателями, чтобы «увидеть со стороны» свои ошибки и получить конкретные наставления. Так, например, при обучении в Киевской, Московской и других духовных академиях студентам риторического класса назначались темы, и учащиеся писали, а затем произносили «орации» - речи на классных занятиях. Учитель не только проверял письменный текст, где делал свои пометки, но и оценивал произнесённую речь. В Институте живого слова, организованном в Москве в 1918 году, на занятиях со слушателями предлагалось произносить без подготовки трёхминутные речи, которые здесь же в аудитории, подвергались анализу, выявлялись достоинства и недостатки произнесённых речей.

В наше время и в России, и в Европе, и в Америке организуются конкурсы ораторского искусства. Такие речи-упражнения необходимы, чтобы представить себя в будущих ситуациях речевой борьбы. Если солдат не участвовал в учениях и не прошёл боевой подготовки, не отточил навыки поведения в боевом строю, он не сможет участвовать в сражении. Спортсмены, артисты балета и цирка, певцы ежедневно тренируются, чтобы приобрести необходимые навыки. Точно также ежедневных упражнений и регулярных тренировок требует и искусство говорения.

Совет VIII. *Анализируйте и декламируйте образцовые тексты.*

Следует выбрать понравившийся вам текст, разобрать его с точки зрения содержания и стиля, а затем читать вслух, постепенно заучивая наизусть. Это можно делать и на занятиях с учителем, режиссёром, но не менее полезно и самостоятельное чтение – в таком случае вы сами будете себе судьёй, сами будете фиксировать и корректировать ошибки. Полезно записать себя на магнитофон или видеокамеру – тогда вы сами увидите недостатки своего образа оратора (например, неумение стоять или двигаться), услышите, с каким темпом и интонацией произносите слова, определите отсутствие или продолжительность пауз, наличие словесных повторов и слов-«паразитов». А затем всё будет зависеть от того, насколько требовательно вы будете относиться к себе, насколько терпеливо и настойчиво будете работать по устранению своих ошибок. Ведь ни один оратор или просто хороший профессионал в своём деле не складывался без самостоятельной работы над собой.

Результатом же декламации чужих текстов или чтением собственных ораторских речей будут разработанное дыхание, уверенный голос, отсутствие боязни говорить и ненужной сосредоточенности на себе. После такой подготовки вы забудете во время выступления о своей личности и сосредоточитесь на слушателях и материале подготовленной речи. А это уже путь к успеху.

Совет IX. *Занимайтесь техникой речи.*

Эти занятия предполагают комплекс упражнений на постановку **дыхания**, развитие ясного и чёткого **произношения**, **темпа** речи, **интонации**, **полётности** голоса. Занятия техникой речи в некотором смысле напоминают спортивную тренировку – если вести их энергично, серьёзно проделывать упражнения на отработку звуков, скороговорок, которые лишь кажутся «несерьёзными», постепенно вырабатываются навыки правильного дыхания, интонирования, голосоведения, ритма, темпа, паузации, совершенствуется тембр речи[51].

Конечно, вы должны ясно понимать, что одной техники речи недостаточно, чтобы стать хорошим ритором. Однако без неё

[51] см. В.И. Аннушкин. Риторика и стилистика. Часть 1.

многие из образованных мыслящих людей не в состоянии выразить свои намерения в соответствующих звуках, жестах, мимике, тембре голоса, интонации.

В заключение добавим, что риторическое воспитание на этих девяти советах не заканчивается. В реальной жизни, в практике речевого общения и публичных выступлений приходится решать всё новые и новые задачи, и в процессе решения этих задач развиваются не только наши риторические навыки, но совершенствуется вся духовная сфера человека.

Основные понятия риторики

Центральное понятие риторики – ***риторический канон***. ***Канон*** в греческом языке означает – правило. Риторический канон – это технологический цикл создания речевого произведения и одновременно главный раздел риторики, изучающий процесс создания и произнесения речевого произведения.

Изучая правила построения речи, античная риторика выделила основные элементы, из которых складывается предназначенная для публичного произнесения речь. Вот как об этом писал Марк Туллий Цицерон: «Вся деятельность и искусство оратора предстаёт в пяти частях. Во-первых, **он должен определить, что сказать**; затем **расположить изобретённое** не только в определённом порядке, но и соответственно весу каждого аргумента; затем **стилистически украсить** это; после этого **удержать в памяти** и, наконец, **произнести** речь эффектно и с обаянием».

Таким образом, классический риторический канон состоит из пяти этапов:

1. ***Инвенция*** (лат. *inventio*) или «нахождение», «изобретение» - *invenire quid dicere* – «изобрести, что сказать». Определение предмета, о котором у оратора пойдёт речь; далее – систематизация материала, относящегося к проблеме, затем сведение всего многообразия идей и фактов к общим типам; наконец - определение способов доказательства, отбор логических аргументов.

2. ***Диспозиция*** (лат. *dispositio*) – «расположение» - *inventa disponere* – «расположить изобретённое».

3. ***Элокуция*** (лат. *elocutio*) – «словесное оформление мысли», «собственно красноречие» - «*ornare verbis*» - «украсить словами». Античные риторы разработали критерии красноречия: ясность, правильность, уместность употребления тех или иных приёмов ораторского искусства, словесные украшения, которые допустимо использовать, и, наконец, средства для осуществления этих задач: отбор терминов, специальных слов, их комбинации, допустимость использования риторических фигур[52].

4. ***Запоминание*** (лат. *memorio*). Древние греки владели множеством приёмов запоминания. Например, они определяли и записывали ключевые блоки, запоминали начала абзацев или же основных мыслей. С целью запоминания, например,

---

52 «Фигура – есть оборот слов или мысли, отступающий от простой, обыкновенной, холодной речи – выражение, исполненное чувства, язык страстей» (Н.Ф.Кошанский). Например: метафора, гипербола, градация и др.

знаменитый Демосфен восемь раз переписал «Историю» Фукидида и потому знал её наизусть!

5. ***Произнесение*** (лат. *actio hipocrisis*). Это «актёрское» «театральное» исполнение речи (греч. *hipocrisis* – актёр) – этап, на котором речь не только произносится, но и разыгрывается с соответствующим использованием жестов, мимики, голосовых данных ораторов.

История свидетельствует о том, насколько воздействующим было произнесение речей знаменитыми ораторами древности. Так, великий Перикл своей речью, в которой, как писали античные авторы, гремели громы и сверкали молнии, убедил афинян не уклоняться от тяжелейшей войны. Речи другого знаменитого оратора древности, Демосфена, произнесённые им против царя Филиппа Македонского, произвели на афинян столь мощное впечатление, что подняли их на борьбу с врагом. Сам же Филипп, прочитавший записи этих речей, сказал, что если бы он слышал их, то тоже стал бы врагом Филиппа, то есть самого себя. Однако история рассказывает нам, что Демосфен с юных лет страдал массой недостатков в речи: шепелявил, задыхался, смешно дёргал плечом. Но он решил стать оратором и добился своего, преодолев все эти недостатки: громко декламировал, поднимаясь в гору; перекрикивал шум морского прибоя; чтобы добиться чистоты звуков, говорил, набрав в рот камешки; чтобы избавиться от подёргивания плечом, подвешивал над ним меч, который больно колол его во время тика.

Демосфен любил повторять, что для успеха ораторской речи нужны три условия: первое – **произнесение**, второе – **произнесение**, третье – **произнесение**.

А для того, что **произносимая** вами публичная речь была внятной и разборчивой, убедительной и красивой, чтобы она не только информировала, но и вызывала эмоционально-эстетическую реакцию у слушателей, необходимо наряду со знанием ***стилистики*** языка и ***культуры речи*** освоить и механизмы произнесения, то есть овладеть правильным ***дыханием***, поставленным ***голосом***, освоить ***нормы русской орфоэпии*** и выработать навыки безупречной ***дикции.***

Об этих основных составляющих успеха любой звучащей речи, будь то доклад или лекция, спор с друзьями или выступление на митинге, исполнение песен с эстрады или игра на театральной сцене, даёт представление один из важнейших разделов риторики – ***техника речи.***

ТЕХНИКА РЕЧИ

Русская школа голосоведения к настоящему моменту накопила весьма богатый опыт в области речевых технологий, основанный на великих традициях русского театра. Современные российские педагоги, специалисты по сценической речи или педагоги-речевики, как их называют в России, на практике используют открытия в таких областях науки как лингвистика, литературоведение, психология. Для совершенствования методики работы над техникой речи, в частности, для создания различных методических приёмов они обращаются к последним достижениям медицины – результатам научно-исследовательской работы врачей-ларингологов, физиологов, специалистов по лечебной физкультуре.

На сегодняшний день существует целый ряд учебно-методических пособий по технике речи, разработанных такими опытными российскими педагогами-речевиками, как Саричева Е.Ф., Козлянинова И.П., Промтова И.Ю., Тумина Л.Е., Князьков А.А. и др. (см. список литературы в разделе БИБЛИОГРАФИЯ). Все эти разработки, основанные на живом опыте работы, позволяют найти наиболее верный и доступный путь к арсеналу технических приспособлений, позволяющих сделать речь «орудием художественной выразительности».

Во второй главе вы уже познакомились с основными правилами русской орфоэпии, которая также является и одним из разделов техники речи. Далее мы подробнее представим остальные важнейшие разделы техники речи – ***голос, дыхание, дикция***, которым все авторы отводят центральное место в своих работах.

Голос

Что такое голос?

Во-первых, голос – это **биоакустический феномен**, состоящий в том, что звуки, образованные активностью голосовых складок, несут информацию об индивидуальных особенностях говорящего: его физическом и эмоционально-психологическом состоянии, интеллектуальном и социокультурном уровне, профессиональной и национальной принадлежности.

Во-вторых, это **совокупность звуков**, разнообразных по высоте, громкости, тембру и длительности, производимых путём модуляции выдыхаемого или вдыхаемого воздуха вибрирующими голосовыми складками.

В-третьих, это **способность интонировать** речь или петь.

В лингвистическом смысле голос является дифференциальным признаком звуков речи, обеспечивает различение ударных и безударных слогов, материализует интонацию.

В психологическом аспекте голос, если расширить это понятие включением в него особенностей произношения (дикцию), составляет **звуковой облик** человека.

Голос является важным средством звуковой коммуникации, позволяющим устанавливать и поддерживать контакт с адресатом речи.

В коммуникативном плане голос прежде всего обеспечивает слышимость речи на большем или меньшем расстоянии, причём в отличие от взгляда, голос может быть обращён одномоментно ко многим участникам коммуникации. Кроме того, голос, при известных условиях, позволяет расположить к себе собеседника (что особенно важно на начальном этапе речевого общения) и тем самым облегчить взаимопонимание.

Голос образуется путём модуляции выдыхаемой струи воздуха колебаниями эластичных голосовых связок. В голосообразовании принимают участие воздушные пути (лёгкие, бронхи, трахея, гортань) и система резонаторов (ротоглоточная и носовая полости). Во время дыхания воздух из дыхательных путей под действием выдыхательной мускулатуры, создающей в них повышенное давление, плавно и непрерывно проходит через широко открытую голосовую щель. При голосообразовании голосовая щель замкнута и голосовые складки напряжены. Щель открывается под давлением воздуха лишь на короткое время. Через неё из дыхательных путей выходит часть воздуха. После этого под действием сил упругости голосовые складки снова смыкаются, а подскладочное давление снова стремится их разомкнуть. Так возникают периодические импульсы воздушного давления, которые воспринимаются как ***голос***, который как биофизическое явление, обладает акустическими свойствами и как средство общения – коммуникативными качествами.

Акустические свойства голоса

Акустика голоса - это совокупность акустических и психоакустических характеристик звучания голоса.

К этим характеристикам относятся следующие:

- ***Атака***
- ***Высота***
- ***Громкость***
- ***Диапазон***
- ***Интенсивность***
- ***Голосовой регистр***
- ***Тембр голоса***

Атака.

Атака (от франц. *attaque* – нападение) – начало звука, переход голосового аппарата человека от дыхательного состояния к речевому или певческому.

Различают три вида атаки:
- ***твёрдую*** (или жёсткую);
- ***мягкую***;
- ***придыхательную***

Чтобы осуществить ***твёрдую*** атаку, голосовые складки должны плотно сомкнуться до начала выдоха и некоторое время (обычно очень короткое) удерживать воздушное давление в лёгких и трахее, а затем мгновенно из статического напряжения перейти в колебательное движение. Твёрдую атаку в голосе – взрывное начало звука можно для наглядности соотнести с произнесением согласных *б*, *п*, *г*, *к*, *д*, *т*.

При ***мягкой*** атаке подача дыхания и начало колебаний голосовых связок синхронизированы, голосовые складки смыкаются менее плотно. Мягкая атака в какой-то степени аналогична произнесению согласных *м*, *в*, *н*.

Придыхательная атака является антиподом твёрдой атаки. Голосовые складки начинают сближаться и приходить в колебательное движение заметно позже начала выдоха, они как бы продуваются воздухом, идущим из трахеи. В результате гласные, произносимые с придыхательной атакой, предваряются более или менее слышимыми призвуками, похожими на [х].

Использование того или иного вида атаки диктуется разными задачами. Так, ***придыхательную атаку*** **уместно** применять в том случае, когда необходимо что-то сказать тоном мягким, задушевным, таинственным. ***Твёрдую атаку*** используют для подчёркивания, выделения важных по смыслу слов или эмоциональных акцентов. Мягкая атака занимает промежуточное положение и применяется чаще других.

Выбор атаки может быть продиктован методическими соображениями (с точки зрения постановки голоса). Если голос слишком резкий, звучит жёстко и напряжённо, то полезны упражнения на придыхательную атаку, которая снимает лишнее напряжение гортани. Напротив, упражнения, основанные на применении твёрдой атаки, помогают избавиться от вялого «бестембренного», «рыхлого» звучания. Важно отметить, что тот или иной вид атаки распознаётся и отрабатывается либо на отдельных гласных, либо на гласных в начале слова; и в том, и в другом случае предпочтительны гласные [а], [о], [э].

Высота голоса.

Это слуховое ощущение ***частоты звука***, образующегося в результате прохождения воздуха между периодически смыкающимися и размыкающимися голосовыми складками. Между частотой звука и его высотой существует сложное соотношение. Различение высоты зависит от натренированности слуха, природных данных. Так, слух настройщика улавливает изменение частоты порядка 0,2%. В то же время для некоторых слушателей и 20-процентное различие в частотах незаметно. Интонирование речи обусловлено, прежде всего, модуляциями голоса по высоте, своего рода мелодическим *рисунком.*

Умение точно воспринять мелодику речи, то есть улавливать на слух все высотные изменения голоса, - одно из необходимых условий эффективного общения. Не менее важно научиться управлять своим голосом так, чтобы его высотные параметры позволяли реализовать любой мелодический рисунок, чтобы высотный диапазон голоса был достаточен для выражения широкой гаммы чувств и эмоций.

Громкость голоса.

Это субъективное слуховое ощущение ***интенсивности*** (силы) звука, образующегося в результате работы голосового аппарата. Профессиональное владение голосом предполагает использование в речи множества градаций громкости, большого динамического (громкостного) диапазона.

Громкость голоса зависит от многих факторов. Прежде всего от давления воздуха в лёгких и трахее (в подскладочном пространстве), а оно, в свою очередь, обусловлено активностью дыхательной мускулатуры (точнее, мышц-вдыхателей) и плотностью смыкания голосовых складок.

Кроме того, рождаясь в гортани и проходя по всему речевому тракту, голос обретает определённую окраску – тембр – в зависимости от режима смыкания голосовых складок и конфигурации (формы и размеров) ротоглоточных и носовых полостей. Голос будет громче при прочих равных условиях, если в его тембре будет больше звонкости, металличности, резкости, пронзительности, то есть больше «удельный вес» высокочастотных обертонов.

Громкость голоса во многих случаях обусловлена особенностями слухового самоконтроля говорящего. Так, оратор непроизвольно увеличивает громкость своего голоса, когда аудитория начинает шуметь. Причём непроизвольное увеличение громкости происходит, как правило, за счёт усиления работы дыхательных мышц и повышения частоты колебаний голосовых складок (использования верхнего участка диапазона). Такая неуправляемая реакция на шум **нерациональна** и часто приводит к заболеваниям голосового аппарата.

Диапазон голоса.

Диапазон (от греч. *dia pason* – через все струны) – совокупность звуков (тонов), которые могут быть воспроизведены данным голосом.

Когда говорят о диапазоне, в первую очередь имеют в виду ***высотный*** (мелодический) или ***тоновый*** диапазон, который определяется как интервал между самым низким и самым высоким звуком (тоном) в пределах возможностей данного голоса.

Высотный диапазон зависит от многих факторов: возраста, анатомо-физиологических особенностей голосового аппарата, эмоционального и физического состояния человека, его обученности. В процессе целенаправленной работы над голосом диапазон его расширяется. Большой высотный диапазон необходим для расширения выразительных и изобразительных возможностей голоса, мелодичности речи.

Различают также диапазон ***динамический*** и диапазон ***тембральный***.

Динамический диапазон прямо не связан с абсолютной силой или громкостью. Например, голос, который может увеличивать звучность от едва слышного до умеренно громкого, будет по динамическому диапазону шире, чем тот, который воспринимается в пределах от громкого до не очень громкого. Конечно, нужно стремиться к тому, чтобы голос охватывал максимум градаций звучности – это позволяет сделать речь и хорошо слышимой, и выразительной. При этом надо избегать форсирования звука, когда голос искажается и находится на грани срыва. В музыке, пении и отчасти в сценической речи принято обозначать градации громкости итальянскими терминами – в порядке возрастания: *пианиссимо*, *пиано*, *меццо-пиано*, *меццо-форте*, *фортиссимо*. Эту шкалу распространяют и на все случаи, когда анализируются громкостные характеристики голоса и речи.

Тембральный диапазон – это разнообразие тембров, звуковая «палитра» голоса, определённый набор специфически звучащих вариантов. Известно, что каждый человек обладает индивидуальным, присущим только ему тембром, который обусловлен особенностями функционирования речевого аппарата. Но речевой аппарат достаточно пластичен и может гибко перестраивать свою работу. Существенное изменение тембра достигается с помощью назализации, лабиализации, палатализации звука. При известной тренировке удаётся произвольно расширять и сужать глотку, опускать и поднимать гортань (с размахом до нескольких сантиметров), менять режим голосовых складок. Чем больше вариантов артикуляции усваивает человек, тем разнообразнее в тембровом отношении звучит его голос, тем шире его тембральный диапазон, а это обеспечивает более точное решение коммуникативных задач.

Интенсивность голоса.

Интенсивность голоса (от лат. *intensio* – напряжение) – энергетическая характеристика голоса, которая может быть измерена специальными приборами и определяется звуковой энергией, проходящей за единицу времени через единицу площади. Интенсивность голоса зависит от режима работы голосовых складок и величины воздушного давления под ними. Чем выше подскладочное воздушное давление и чем плотнее смыкаются голосовые складки, тем больше интенсивность голоса.

Голосовой регистр.

Регистр (от лат. *registrum* – список, перечень) – участок диапазона голоса, внутри которого звуки сходны по тембру вследствие единого физиологического механизма их образования.

В мужских голосах выделяют два природных натуральных регистра – ***грудной*** и ***головной*** (фальцет), в женских – три: ***грудной***, ***средний*** (медиум) и ***головной***. Средний регистр называют ещё смешанным, ***микстом***. Грудной регистр характеризуется насыщенным звучанием, густотой тембра, что обусловлено плотным и глубоким смыканием голосовых складок. Грудным он назван в связи с тем, что речь или пение в этом регистре сопровождается вибрацией грудной клетки, которую можно ощутить, приложив ладонь к области ключицы. Натуральный грудной регистр – это нижняя часть диапазона данного голоса до вполне определенной высоты тона. Если говорящий или поющий пытаются использовать физиологический механизм, присущий грудному регистру, и на более высоких тонах, то происходит срыв голоса. Таким образом, для речи или пения в грудном регистре существуют жёсткие ограничения высотного (мелодического) диапазона.

Головной (фальцетный) регистр отличается бедностью тембра, «флейтовым» характером звучания и меньшей силой, так как голосовые складки смыкаются лишь краями, слегка касаясь друг друга. Вибрационные ощущения в этом случае перемещаются в область головы и обычно отсутствуют в грудной клетке, что и послужило поводом назвать данный регистр головным. Натуральный головной регистр занимает верхнюю часть диапазона, однако может захватывать и более низкие его участки. Речь на фальцете требует меньших энергетических затрат; лёгкость, «прозрачность» его звучания позволяет достигать определённых изобразительных эффектов, например, в художественном чтении. Несмотря на то, что физиологический и акустический механизмы грудного и головного регистров контрастны, существует возможность наложения их друг на друга, что приводит к образованию смешанного регистра под названием «микст». Для него характерна большая мягкость, лёгкость по сравнению с грудным регистром и большая насыщенность, звучность, чем у фальцета. Природное микстовое звучание встречается, как правило, только у женщин, в средней части диапазона. Распространение микста по всему диапазону голоса позволяет тембрально выровнять его, поднять верхнюю границу полноценно звучащих тонов, а следовательно, обогатить мелодику речи.

Тембр голоса.

Тембр (от франц. t*imbre* – колокольчик) – психоакустическая характеристика голоса, обусловленная совокупностью факторов, формантной структурой спектра, степенью выраженности шумовых компонентов, негармонических обертонов, модуляционными процессами, атакой и затуханием голосового сигнала. Тембр голоса воспринимается синтетически как специфическая окраска голоса, позволяющая различать людей (не видя их) по голосам, даже если высота, громкость и длительность звучания этих голосов одинаковы.

Тембр голоса имеет важное коммуникативное значение. Гораздо легче, например, установить контакт с собеседником или с аудиторией, если говорящий обладает приятным, красивым тембром голоса.

Тембр может быть ***спонтанным*** (непроизвольным) и ***креативным*** (специально сформированным). Спонтанный тембр характерен для непоставленных голосов, особенно когда говорящий взволнован или когда слуховой контроль затруднён. На основании спонтанного тембра можно довольно точно определить физиологическое и эмоционально-психологическое состояние говорящего. Креативный тембр свойствен голосам поставленным, профессиональным. Он вырабатывается с целью выразить в голосе только те эмоции и краски, которые имеют прямое отношение к данной речевой задаче.

Человек способен в широких пределах менять тембр своего голоса как непроизвольно, так и целенаправленно. Однако при этом в той или иной степени тембр сохраняет черты индивидуальной неповторимости. Индивидуальность тембра обусловлена тем, что размеры речевых органов и функционирование нервной системы, управляющей ими, у каждого человека неповторимы. В то же время широкое варьирование тембра возможно благодаря способности речевого аппарата работать в разнообразных режимах.

Тембр голоса зависит в основном от характера смыкания голосовых складок и настройки резонаторов – полостей горла, рта и носа. Чем плотнее смыкаются голосовые складки, колеблясь в горизонтальной плоскости, тем, тем более насыщенным, «густым» получается тембр.

В тембре голоса могут появляться и шумовые призвуки, например, охриплость и осиплость. Если это относится к спонтанному тембру, то следует говорить о каких-либо нарушениях в работе голосовых складок и других участков речевого аппарата. Но если человек сознательно вырабатывает у себя в голосе хрипоту или сипоту, то правильнее будет говорить о креативном тембре. Однако в большинстве случаев креативный тембр такого характера вряд ли уместен, за исключением каких-то особых случаев, связанных, например, с чтением художественных произведений.

Необходимо стремиться очищать свой голос от всевозможных шумовых призвуков, добиваясь ***благозвучности голоса***, так как шумовой компонент в голосе – свидетельство нерациональной работы речевого аппарата.

Тембр голоса трудно поддаётся описанию. Обычно для обозначения тембров используются слова, значение которых связано с представлением о различных свойствах предметов, почти не имеющих отношения к звуку: *бархатный*, *богатый*, *мягкий*, *тусклый*, *тёплый*, *холодный*. Долгое время в сценическом искусстве была известна система четырёх знаменитых тембров: *золотого*, *серебряного*, *медного* и *бархатного*. Известный итальянский баритон Титто Руффо давал название тембрам, создаваемым с помощью собственного голоса, например, так: тембр белый, синий, красный, чёрный. Иногда тембры определяют по названиям тех чувств, которые они выражают, например: *радостный*, *нежный*, *спокойный*, *угрюмый*.

Работа над тембром является центральной задачей при постановке голоса. Способность сформировать тембр голоса, адекватный речевой задаче – одно из важнейших профессиональных умений.

Тип голоса.

Типы голоса – разновидности человеческого голоса (певческого или речевого), выделяемые на основе высотно-тембральных признаков. С точки зрения относительной высоты звучания выделяются следующие типы голоса.

Высокий голос: *тенор* (мужской тип), *сопрано* (женский тип), *дискант* (детский тип).

Средний голос: *баритон* (мужской тип), *меццо-сопрано* (женский тип), *альт* (детский тип).

Низкий голос: *бас* (мужской тип), *контральто* (женский тип).

Регистры речевого голоса.

В речевом голосе различают:

Грудной или нижний регистр – состоит из однородных звуков и занимает нижнюю часть речевого голоса. В грудном (нижнем) регистре, естественно, преобладает грудное резонирование. Грудой голос богат обертонами. Голосовые складки плотно смыкаются. К грудному регистру относятся низкие тоны речевого голоса.

Головной или ***верхний регистр*** – состоит из однородных звуков и занимает верхнюю часть речевого голоса. В головном регистре, естественно, преобладает головное резонирование. Головное звучание характеризуется вибрационным ощущением в области головы и лица.

Смешанный или ***средний регистр*** – состоит из звуков среднего звучания. В речевом голосе смешанный регистр называется ещё «центральной частью голоса».

Резонирующие ощущения сигнализируют о правильном голосообразовании. Вибрационные раздражения подают сигналы в центральную нервную систему о работе резонаторов. Вибрации раздражают нервные окончания и таким образом поднимают тонус нервных центров, что рефлекторно делает голос более звонким и сильным.

Границы регистров речевого голоса очень разнообразны и во многом зависят от особенностей каждого человека: от формы его резонаторных областей, от толщины и длины голосовых связок и т.д.

Коммуникативные качества голоса

Коммуникативные качества голоса – это **совокупность** необходимых для успешной коммуникации **свойств голоса**. К этим свойствам относятся:

- ***Адаптивность***
- ***Благозвучность***
- ***Выносливость***
- ***Гибкость***
- ***Полётность***
- ***Суггестивность***
- ***Устойчивость***

Адаптивность – способность голоса подстраиваться к конкретным акустическим условиям: размерам и форме помещения, его гулкости или заглушенности (большой или малой реверберации[53]), количеству и пространственному расположению слушателей. В зависимости от этих условий выбираются соответствующие вариации тембра и другие параметры голоса, что обеспечивает хорошую слышимость, фонетическую разборчивость и комфортное восприятие речи. Адаптивность голоса предполагает сформированность навыков в градации голоса, в варьировании тембров, в использовании высотного (мелодического) диапазона, а также умение целенаправленно контролировать произносимое, когда восприятие собственного голоса в конкретных акустических условиях анализируется и оценивается с позиций коммуникативной целесообразности.

Благозвучность голоса - это чистота звучания голоса, отсутствие в нём неприятных призвуков (хрипоты, сипения, гнусавости и т.п.). Умение говорящего придать своему голосу благозвучность воспринимается слушателями (часто на

[53] Реверберация – процесс постепенного затухания звука в замкнутом пространстве после прекращения действия источника звука, обусловленный многократными отражениями звуковых волн.

подсознательном уровне) как признак воспитанности, интеллигентности, требовательности к себе. Благозвучность обычно связана с хорошей дикцией, с умением говорящего пользоваться **полным стилем произнесения**.

Выносливость голоса характеризуется высокой работоспособностью голосового аппарата и позволяет выдерживать длительную речевую нагрузку без вредных физиологических последствий с сохранением тембральных, динамических и высотных параметров. Выносливость голоса обусловливается такими факторами, как врождённые особенности организма (в частности нервной и эндокринной систем), возраст, акустические условия и др. Вместе с тем выносливость укрепляется при правильно организованной постановке голоса. Можно даже сказать, что поставленным можно читать только голос, обладающий достаточной для профессионального использования выносливостью.

Гибкость (подвижность) – качество голоса, его способность по воле говорящего быстро и непринуждённо переходить с одной высоты на другую, с громкого звучания на тихое, с одного тембра на другой, от мягкой атаки к твёрдой или придыхательной, а также переключать и смешивать регистры.

Полётность – способность голоса быть слышимым на большом расстоянии при минимальных затратах сил говорящего или поющего. При этом у того, кто говорит, и у того, кто слушает, возникает ощущение облегчённого звукоизвлечения – голос как бы «летит». В полётном голосе всегда присутствует металличность, слышится своеобразный «звоночек». Полётность - одна из важнейших характеристик тембра хорошего голоса. Если в голосе нет полётности, то это не только обедняет выразительные возможности говорящего, но и указывает на нерациональную реализацию фонации, недостаточное владение голосом.

Суггестивность (от лат. *suggestio* - внушение) – способность голоса воздействовать на эмоции и поведение слушателей независимо от смысла произносимых слов. Суггестивность голоса заключается в том, что говорящий с помощью некоторых нюансов тембра воздействует на слушателей, овладевает их вниманием, вызывает в них сопереживание и стимулирует нужные поведенческие реакции.

Выделяются три уровня суггестивности голоса.

Первый (низший) характеризуется тем, что голос привлекает к себе внимание, он выделяется из множества других голосов. Слушатель непроизвольно обращает на него внимание. И содержание речи, произносимое с помощью этого голоса, лучше проникает в сознание и подсознание. При этом голос необязательно должен быть каким-то особенно красивым, приятным. Напротив, иногда голос именно противоположного качества – неприятный, некрасивый - может полностью завладеть вниманием слушателя, вызывая при этом соответствующие ассоциации. Таким образом, первый уровень суггестивности голоса способен вызвать ориентировочную реакцию, установить первоначальный контакт между говорящим и слушающим.

Второй уровень суггестивности голоса отличается от первого более сильным эмоциональным воздействием: говорящий с помощью голоса вызывает сопереживание своим чувствам, настраивает эмоции слушателей в тон своим переживаниям. Второй уровень суггестивности позволяет в некоторой степени направлять мыслительную деятельность слушателей, эмоционально окрашивая произносимый текст и тем самым расставляя эмоционально-смысловые акценты.

Третий уровень суггестивности голоса характеризуется способностью вызывать поведенческие реакции аудитории. Слушатели совершают какие-то движения, действия или, наоборот, тормозят их на том основании, что в голосе говорящего появилась особая окраска, такой тембр, который подсознательно воспринимается как императив.

Как добиться суггестивности, как сознательно управлять этим важным параметром голоса?

Специалисты дают следующие рекомендации:

Верьте в то, что вы говорите, если намереваетесь убедить аудиторию. Ваша вера в свою правоту, в истинность и важность того, о чём вы говорите, способна вызывать у вас сильные эмоции, а те, в свою очередь, через нервно-мышечный механизм способны отразиться в вашем голосе, придавая ему нужную тембральную окраску.

Следите за тем, чтобы речевое дыхание было устойчивым, плавным без лишних напряжений. Уверенное, убедительное звучание речи возможно только в том случае, если в голосе отсутствует даже минимальное дрожание. Плавная подача дыхания, максимальный объём ротоглоточных полостей способны обеспечить вашему голосу **мягкое тёплое звучание**, а плотное смыкание голосовых складок и активизация фонационного выдоха придадут ему «**убедительную металличность**».

Конечно, для того, чтобы в полной мере овладеть суггестивностью голоса, необходима большая тренировочная работа в контексте профессиональной деятельности, в конкретных речевых ситуациях.

Устойчивость голоса - потенциальная стабильность его высоты, громкости и тембра, независимо от длительности произносимых звуков. В этом случае исключаются такие голосовые дефекты как дрожание, внезапное пропадание звучания, неуправляемые переходы из грудного в головной регистр (то, что называется – «дать петуха»). На слух устойчивость воспринимается как уверенность, решительность, спокойная настойчивость говорящего, его хорошее состояние. Устойчивость голоса является следствием общей уравновешенности напряжения и расслабления в мышцах голосового аппарата, правильной их координации. Наличие устойчивости (в совокупности с выносливостью) даёт основания считать данный голос поставленным.

Все эти качественные характеристики голоса не существуют у его обладателя изолированно друг от друга, следовательно, и заниматься развитием их нужно в синтетическом тренинге, где одно упражнение вытекает из другого. Проще говоря, заниматься голосоведением нужно в рамках методологически правильного системного тренинга.

Дыхание

Все педагоги без исключения, говоря о проблеме постановки речевого голоса, рассматривают в качестве важнейшего аспекта технологии голосоведения ***дыхание***.

«Дыхание есть основа основ речевого звучания, - пишет преподаватель-практик Елена Валентиновна Ласкавая[54]. - Без правильного дыхания невозможно искусство речи, так же, как невозможно жить без воздуха. От того, как мы дышим, зависит не только красота, лёгкость, плавность нашего голоса, но и мелодичность речи, и гармоничность мыслей, и, наконец, как результат способность грамотно их излагать».

Без активного потока дыхательной струи, стремящейся снизу вверх в резонирующие полости лица и лобной пазухи (теменные кости), невозможно добиться ни правильно летящих гласных, ни ровной в регистрах линии звучания. Рациональное речевое дыхание способствует физическому развитию голосового аппарата, снимает утомление, как общее, так и голосовое, помогает придать голосу лёгкость, индивидуальное звучание, округлость, яркую тембральную окраску. Кроме того, правильное дыхание предохраняет голос от переутомления, преждевременного изнашивания и позволяет надолго сохранить лучшие его качества.

Формирование правильного дыхания происходит постепенно. Обучение начинается с простых упражнений, которые знакомят обучающегося с самим принципом правильного дыхания, с ознакомления с важнейшими его понятиями.

Познакомимся и мы с ними.

В первую очередь обратимся к понятиям, которые нам придётся использовать при выполнении упражнений.

[54] см. Ласкавая Е.В. Сценическая речь. – М., 2005. - С.13.

Названия органов артикуляции.

Глотка – часть дыхательных и пищеварительных путей, одновременно вспомогательный орган, участвующий в образовании звука.

Твёрдое нёбо **-** верхняя часть полости рта, принимающая активное участие в образовании голоса. Звуковые волны через твёрдое нёбо передают раздражение второй ветви тройничного нерва, которая разветвляется на нёбном своде. В результате улучшается качество звука: его яркость и полётность.

Мягкое нёбо или ***нёбная занавеска*** - складка слизистой оболочки, свешивающаяся над основанием языка и отделяющая ротовую полость от глотки, играет в развитии речевого голоса также очень большую роль. При её малой активности голос приобретает «гнусавый» характер.

Нижняя челюсть – лицевая кость, в которой укреплены нижние зубы. Важный орган речи, благодаря активности и подвижности которого формируются гласные звуки.

Диафрагма – мощная «мышца вдоха», при её участии заполняется воздухом нижняя, более широкая часть лёгких.

Брюшной пресс – очень сильная «мышца выдоха».

Межрёберные мышцы – мышцы, которые находятся между рёбрами и обеспечивают вместе с брюшным прессом выдох. При помощи мышц-выдыхателей человек может регулировать струю выдыхаемого воздуха, подаваемую к голосовым складкам, может корректировать подсвязочное давление, необходимое для более сильного или лёгкого звучания.

Виды дыхания.

Газообменное (физиологическое) и речевое (фонационное) дыхание.

Газообменное дыхание - это дыхание, не связанное с речью и голосообразованием. Функция этого дыхания – вентиляция легких. Такое дыхание осуществляется человеком в состоянии покоя, молчания.

Фонационное дыхание - это дыхание, при котором к функции газообмена присоединяется голосовая деятельность, то есть вовлекается голосовой и артикуляционный аппарат.

Физиологическое и фонационное дыхание по ряду существенных качеств имеют определённые различия.

Так, если *физиологическое* дыхание совершается автоматически, то дыхание *фонационное* в большей степени подчинено воле человека.

Если при *физиологическом* дыхании вдох по продолжительности равен выдоху, то при *фонационном дыхании* вдох короткий и быстрый, а выдох замедленный.

Порядок элементов дыхательного процесса при *физиологическом* дыхании – вдох, выдох, пауза, при *фонационном* дыхании этот порядок представляет собой вдох, выдох прерывистый в связи с произношением слов, фраз, пауза.

Типы дыхания.

В зависимости от того, какая группа мышц преобладает в акте дыхания во время речи, определяется тот или иной тип дыхания.

Грудное дыхание: вдох происходит за счёт поднятия верхней и средней части грудной клетки. В этом случае вдох напряжённый, участие диафрагмы слабое, нагрузка при выдохе ложится на мышцы плечевого пояса и груди, при вдыхании поднимаются плечи. Недостатком грудного дыхания следует считать неполную активизацию мышц брюшного пресса и диафрагмы, что препятствует длительному и ровному выдоху. Грудное дыхание способствует нежелательному перебору воздуха и утомлению голоса.

Брюшное дыхание: дыхательные движения производятся в нижнем отделе грудной клетки при сильном опускании диафрагмы, которая при выдохе поднимается. Положительная сторона брюшного дыхания – лёгкость и быстрота вдоха, отрицательная – ограниченность выдоха, его нединамичность, затруднения при движении. Пассивность верхнего и среднего отделов грудной клетки сказывается отрицательно на качестве речевого звука.

Смешанно-диафрагматическое или полное дыхание: активизируются мышцы и грудной клетки и брюшного пресса. Полное дыхание выгодно отличается от других типов дыхания работой всей дыхательной мускулатуры и создаёт благоприятные условия для одновременного функционирования мышц грудной клетки и брюшного пресса. Воспитание правильных навыков полного дыхания при занятиях речевым голосом является **обязательным** для приобретения профессиональных качеств голоса.

Важнейшим условием формирования правильного дыхания является и осанка. Осанка – это правильное положение тела в покое и в движении.

Это означает, что голова всегда держится прямо, плечи свободно опущены, отведены назад, спина прямая, грудь немного выступает вперёд, нижняя часть живота слегка подтянута. В такой позе следует держаться непринуждённо, свободно, без напряжения. Нарушение осанки почти всегда ведёт к нарушению правильного процесса дыхания и звучания.

Наоборот, правильное положение тела в процессе воспитания речевого голоса развивает именно те мышцы, которые принимают активное участие в акте дыхания. Систематический контроль над своей осанкой помогает освоить в короткий срок полное дыхание. Специалисты рекомендуют приучать себя ходить и сидеть, чуть-чуть откинув верхнюю часть корпуса назад и развернув плечи. При таком положении тела расширяется грудная клетка, усиливается обмен воздуха в лёгких, активно работают мышцы брюшного пресса. Это в свою очередь создаёт ощущение подтянутости, готовность быстро включаться в работу.

Дыхательная гимнастика.

Дыхательная гимнастика (дыхательный тренинг) – комплекс упражнений, ориентированных на создание навыков полного смешанно-диафрагматического дыхания.

Дыхательный тренинг включает несколько групп упражнений:

1. Дыхательные упражнения, со специально подобранными физическими движениями, облегчающими выполнение правильного вдоха и выдоха и помогающими закрепить навыки

полного, смешанно-диафрагматического дыхания с активизацией мышц брюшного пресса во время вдоха и выдоха.

2. Дыхательные упражнения в положении лёжа, сидя и стоя, задача которых – освоение техники смешанно-диафрагматического дыхания с активизацией мышц брюшного пресса, сознательное регулирование его ритма, правильное соотношение вдоха и выдоха.

3. Тренировка дыхания в быту, которая должна помочь закрепить и использовать в жизни навыки, приобретённые на специальных занятиях по дыханию.

4. Тренировка дыхания при чтении текстов с использованием навыков, приобретённых в упражнениях первого этапа. Цель этих упражнений – научиться распределять выдох на определённые части текста, диктуемые содержанием, логикой, синтаксисом автора произведения.

Во второй книге нашего пособия вы найдёте упражнения, разработанные российскими специалистами для самостоятельных занятий по технике речи.

Дикция

Дикция (от лат. *dictio -произнесение*) - степень отчётливости в произнесении слов, слогов, отдельных звуков. ***Хорошая дикция*** предполагает чёткое произнесение звуков, соответствующее фонетической форме данного языка, и предполагает постановку органов речевого аппарата (языка, губ, нёба) в позицию, необходимую для правильной артикуляции звуков.

Необходимые инструкции для правильного артикулирования русских звуков мы и рассмотрим далее.

Артикуляция русских гласных звуков А, Э, О, У, Ы, И

Гласный **А**

При произнесении **А** нижняя челюсть опущена, рот раскрыт широко в вертикальном направлении, края передних зубов чуть-чуть обнажены. Язык лежит плоско у нижних зубов. Мягкое нёбо поднято и закрывает проход в нос. Воздух проходит через рот.

Гласный **Э**

Рот раскрыт меньше, чем на звуке А. Кончик языка у нижних зубов, но не касается их. Спинка языка приподнята к твёрдому нёбу. Мягкое нёбо поднято и закрывает проход в нос. Воздух проходит через рот.

Гласный **О**

Губы слегка выдвинуты вперёд и округлены. Язык оттянут назад. Спинка языка поднята к мягкому нёбу, но не высоко. Мягкое нёбо поднято и закрывает проход в нос. Воздух проходит через рот.

Гласный **У**

Губы активно выдвигаются вперёд и принимают округлую форму. Язык оттянут назад больше, чем на **О.** Спинка языка высоко поднята к мягкому нёбу; корень языка сильно отодвинут к задней стенке глотки. Мягкое нёбо закрывает проход в нос. Воздух проходит через рот.

Гласный **Ы**

При артикуляции **Ы** рот слегка раскрыт; задняя часть спинки языка поднята к мягкому нёбу; кончик языка не касается нижних зубов, весь язык оттянут назад, как при гласном У. Мягкое нёбо поднято и закрывает проход в нос. Воздух проходит через рот.

Гласный И

При артикуляции И рот слегка раскрыт, зубы обнажены, губы чуть-чуть разведены в стороны. Кончик языка касается нижних передних зубов, спинка высоко поднята к твёрдому нёбу, края языка прижаты к боковым зубам. Мягкое нёбо поднято и закрывает проход в нос. Воздух проходит через рот.

Артикуляция согласных звуков

Согласные П, П′ – Б, Б′

В начале артикуляции звуков **П** – **Б** губы **крепко** сомкнуты. Струя выдыхаемого воздуха проходит через рот и разрывает эту преграду – в результате образуется шум. Звук **П** произносится только шумом, без голоса. Звук **Б** образуется с участием шума и голоса. При артикуляции мягких **П′** - **Б′** спинка языка приподнимается к твёрдому нёбу.

! Произнося эти звуки, старайтесь, чтобы к ним не примешивались гласные.

Согласные К, К′ – Г, Г′

При артикуляции твёрдых звуков глухого **К** и звонкого Г язык оттянут назад; задняя часть спинки языка поднята и упирается в мягкое нёбо; кончик языка у нижних зубов, но не касается их. На звуке Г голосовые складки сомкнуты и вибрируют.

На мягких К′ и Г′ спинка языка выше поднимается к твёрдому нёбу, кончик языка касается нижних зубов. Нёбная занавеска и на твёрдых и на мягких К, Г поднята.

Согласные X, X′

При артикуляции X язык отодвигается назад и приближается к мягкому нёбу; между языком и нёбом образуется щель, через которую с трением проходит выдыхаемый воздух, создавая шум. При произнесении мягкого X′ к этой основной артикуляции присоединяется дополнительная: спинка языка сильнее поднимается к твёрдому нёбу.

Согласные Т, Т′ – Д, Д′

При произнесении звуков Т, Д челюсти разомкнуты, передние зубы обнажены, кончик языка упирается в верхние передние зубы. Струя выдыхаемого воздуха разрывает эту преграду. При произнесении Т′, Д′ к основной артикуляции добавляется дополнительная: спинка языка поднимается к твёрдому нёбу. При произнесении глухих Т, Т′ складки не работают. При произнесении звонких Д, Д′ голосовые связки сомкнуты и вибрируют. Нёбная занавеска во всех случаях поднята.

При произнесении мягких Т′ и Д′ возможен другой вариант: кончик языка упирается в нижние резцы, а передняя часть спинки языка и в том и другом случае приближается к твёрдому нёбу. При наличии неправильной артикуляции мягких Т′ и Д′, появляется призвук С и З – этого следует избегать!

Согласные Ф, Ф′ – В, В′

При артикуляции твёрдых Ф и В верхняя губа оттянута верх, верхние зубы обнажены и касаются середины нижней губы – между губой и зубами образуется щель, через которую проходит струя воздуха. На мягких Ф′ и В′ спинка языка поднимается к твёрдому нёбу. Голосовые складки на звонких В, В′ сомкнуты и вибрируют, на глухих Ф, Ф′ не работают. Нёбная занавеска поднята.

Согласные С, С′ – З, З′

При артикуляции твёрдых С, З зубы обнажены, кончик языка упирается в нижние зубы: спинка языка слегка выгнута, боковые края языка изнутри прижаты к верхним коренным зубам, отчего в середине языка образуется желобок. Воздух проходит по этому желобку, создавая трением шум; в звонком З к шуму добавляется голос (складки сомкнуты и вибрируют).

При произнесении мягких С′, З′ артикуляция в основном та же, что при твёрдых, но дополнительно спинка языка поднимается к твёрдому нёбу.

При произнесении звуков З, З′ складки сомкнуты и вибрируют, нёбная занавеска поднята.

Согласные Ш – Ж

При артикуляции Ш, Ж губы чуть выдвинуты вперёд, кончик языка находится за верхними альвеолами, приближается к твёрдому нёбу: боковые края языка прижаты к альвеолам верхних коренных зубов. Струя выдыхаемого воздуха проходит через щель, образуемую языком и твёрдым нёбом. Глухой согласный Ш образуется только шумом, без участия голоса: при произнесении звонкого Ж, голосовые связки сомкнуты и вибрируют. Нёбная занавеска в обоих случаях поднята.

Двойной мягкий согласный Ш′:
(на письме обозначается буквой Щ).

Артикуляция мягкого двойного Ш′: в основном та же, что и произнесении согласного Ш, но к ней прибавляется дополнительная артикуляция мягкости; спинка языка поднимается к твёрдому нёбу; язык напряжён, звук долгий. Губы слегка выдвинуты вперёд. Голосовые складки не принимают участия в образовании звука. Нёбная занавеска поднята.

Согласный Ч

Звук Ч имеет сложную слитную артикуляцию: от смычного взрывного мягкого Т′ к щелевому мягкому Ш′ (Т′Ш′). Края языка прижаты к боковым зубам, спинка языка высоко поднята к нёбу, губы слегка выдвинуты вперёд, как при звуке Ш.

Согласный Ц

Как и Ч, звук этот имеет сложную артикуляцию: он состоит из смычного взрывного твёрдого Т и щелевого твёрдого С, произносимых слитно (ТС). Сначала язык находится в положении звука Т: кончик языка прижат к передним верхним зубам, спинка упирается в альвеолы верхних зубов; затем язык переходит в положении звука С – кончик языка приближается к нижним передним зубам, края языка прижаты к боковым верхним зубам. Зубы обнажены. Голосовые складки не вибрируют. Нёбная занавеска поднята.

Звук Ц всегда твёрдый.

! Необходима очень чёткая артикуляция в момент произнесения звука Ц. Если язык не будет **сильно** упираться в альвеолы передних зубов и в нижние зубы, звук Ц будет вялым, похожим на С.

Сонорные согласные М - М′

При произнесении твёрдого и мягкого М наиболее активно работают губы (звук губной). В начале артикуляции губы напряжены и сомкнуты; воздушная струя разрывает эту преграду. Нёбная занавеска опущена, струя выдыхаемого воздуха проходит через нос (звук носовой). Голосовые складки сомкнуты и вибрируют.

Сонорные согласные Н – Н′

На звуке Н наиболее активно работает язык. Кончик языка прижимается к основаниям верхних зубов. Нёбная занавеска (мягкое нёбо) опущена, и струя выдыхаемого воздуха проходит через носовую полость. Голосовые связки сомкнуты и вибрируют.

Сонорные согласные Л - Л′

При артикуляции Л зубы обнажены, кончик языка упирается в верхние зубы; спинка языка вместе с краями опускается; корень языка приподнимается к мягкому нёбу и несколько оттягивается назад. Воздух проходит по бокам языка (это звук боковой). Голосовые складки сомкнуты и вибрируют. Нёбная занавеска поднята.

При произнесении мягкого Л′ кончик языка упирается в твёрдое нёбо.

! Тренируя твёрдый сонорный Л, следите за положением языка, который должен крепко упираться в верхние передние зубы.

Сонорные согласные Р - Р′

Звук Р занимает особое положение по способу образования. Этот звук возникает в результате дрожания, вибрации, кончик языка поднят к альвеолам верхних зубов, напряжён и колеблется в проходящей воздушной струе. Края языка прижаты к боковым зубам.

При мягком Р′ кончик языка также колеблется, дрожит, но он поднимается к твёрдому нёбу. При твёрдом Р губы раскрыты, но не растянуты, а при мягком Р′ уголки губ растягиваются в стороны. Голосовые складки сомкнуты и вибрируют как при твёрдом Р, так и при мягком Р′.

Сонорный согласный Й

При артикуляции Й зубы обнажены, как при произнесении гласного И. Но при произнесении Й напор воздушной струи и напряжённость средней части языка больше, чем при произнесении И. Кончик языка касается нижних зубов, а спинка языка высоко поднята к твёрдому нёбу. Края языка прижаты к боковым зубам. Мягкое нёбо поднято и закрывает проход в нос.

! Нельзя допускать на месте Й звуков, близких к мягким шипящим или мягкому **Х'**.

Сонорный согласный Й в сочетании с гласными А, О, У, Э образует йотированные гласные Я, Ё, Ю, Е.

Артикуляция йотированных гласных звуков Я, Ё, Ю, Е

Йотированный гласный Я

При артикуляции Я спинка языка активно поднимается к твёрдому нёбу, а затем язык занимает положение А.

Йотированный гласный Ё

При артикуляции Ё спинка языка активно поднимается к твёрдому нёбу, а затем язык занимает положение О.

Йотированный гласный Ю

При артикуляции Ю спинка языка активно поднимается к твёрдому нёбу, а затем язык занимает положение У.

Йотированный гласный Е

При артикуляции Е спинка языка активно поднимается к твёрдому нёбу, а затем язык занимает положение Э.

Роль хорошей дикции чрезвычайно важна для достижения эффективности в любой коммуникации, но особенно в профессиональной деятельности педагогов, юристов, дикторов и представителей других, так называемых ***речевых*** профессий.

Недостатки дикции.

Существуют две разновидности недостатков речи – ***органического*** и ***неорганического происхождения***. К недостаткам органического происхождения относятся разного рода нарушения речевого аппарата: малоподвижное мягкое нёбо, слишком выдвинутая верхняя или нижняя челюсть, криво поставленные зубы, неповоротливый, толстый язык, короткая уздечка под языком. Отмеченные недостатки являются причиной неправильного произнесения различных звуков и требуют вмешательства логопедов и стоматологов.

Недостатки неорганического происхождения – неправильная артикуляция, усвоенная с детства, небрежное отношение к речи в семье, в школе. Наиболее распространённый дефект – вялая, неразборчивая речь. Губы при этом малоподвижны, зубы почти сжаты, нижняя челюсть плохо опускается. Все эти недостатки преодолеваются при условии систематического самоконтроля и каждодневной работы над выработкой правильной артикуляции каждого гласного и согласного звука. Это означает, что необходимы ежедневные тренировочные занятия, в которые в обязательном порядке входят:

1. артикуляционная гимнастика (для губ и для языка);
2. слоговые упражнения для тренировки отдельных звуков;
3. слова для тренировки отдельных звуков;

4. пословицы, поговорки, скороговорки и чистоговорки для тренировки отдельных звуков.

Раздел «Дикция» включает в себя в большей степени практические материалы. В связи с этим основы и особенности дикции в рамках русского произношения будут представлены в разделе «Риторика» нашего практического пособия в виде упражнений и тренировочных заданий.

ЛИТЕРАТУРА
для дополнительного чтения

1. Аннушкин В.И. Риторика и стилистика. Часть 1. - М.,2004.

2. Стернин И.А. Практическая риторика. - М., 2005.

3. Ласкавая Е.В. Сценическая речь. - М., 2005.

БИБЛИОГРАФИЯ

1. Аванесов, Р. И. Русское литературное произношение / Р. И. Аванесов. - М. : Просвещение, 1984. - 384 с.

2. Агеенко, Ф. Л. Словарь ударений для работников радио и телевидения: около 75000 словарных единиц / Ф.Л. Агеенко, М. В. Зарва. – М. : Рус. яз, 1984. – 810 с.

3. Акишина, А.А. Русский речевой этикет / А. А. Акишина, Н. И. Формановская. – М. : Рус. яз., 1983. – 181 с.

4. Аннушкин В.И. Риторика и стилистика. Учебное пособие для студентов социально-экономического и юридического факультетов. / В.И.Аннушкин. – М.:Изд-во Академии труда и социальных отношений, 2004. – 164 с.

5. Античные теории языка и стиля: Антология текстов / Спб.: Алетейя, 1996. – 362 с.

6. Артёмов, В.А. Психология обучения иностранным языкам. / В.А. Артёмов. - М., 1966. – 432 с.

7. Арутюнова, Н. Д. Фактор адресата / Н. Д. Арутюнова // Известия АН СССР. ОЛЯ. – 1981. – N 4. – Т. 40.

8. Беззубов, А.Н. Введение в литературное редактирование / А.Н. Беззубов. СПб.: Изд-во СпбГУ, 1997.

9. Бельчиков, Ю. А. Учебное пособие по практической стилистике и литературному редактированию / Ю. А. Бельчиков, В. П. Вомперский. – М.: Изд-во Моск. ун-та, 1957. – 195 с.

10. Бердичевский, А. Л. Русский язык: сферы общения. Учебное пособие по стилистике для студентов-иностранцев. / А. Бердичевский, Н. Соловьёва. – М. : Рус. яз. Курсы, 2002. – 152 с.

11. Бондалетов, В. Д. Стилистика русского языка: Учеб. Пособие для студентов нац. отд. пед. ин-тов союзных республика / В. Д. Бондалетов, С. С. Вартапетова, Э. Н. Кушлина и др. – Л.: Просвещение, 1982. – 286 с/

12. Бондарко, Л. В. Стили произношения и стили произнесения / Л. В. Бондарко,Л. А. Вербицкая [и др.] // Вопросы языкознания. – 1974. – N 3.

13. Брызгунова, Е.А. Звуки и интонация русской речи / Е.А. Брызгунова.– М.: Изд-во «Рус. язык», 1977.

14. В поисках смысла: сб. статей в честь профессора К. А. Роговой / Под ред. Н.А. Любимовой. – СПб, 2001.

15. Валгина, Н. С. Активные процессы в современном русском языке: учебное пособие / Н. С. Валгина. – М. : Логос, 2003. – 304 с.

16. Васильева, А. Н. Курс лекций по стилистике русского языка / А. Н. Васильева. – М. : Рус. яз., 1990. – 247 с.

17. Васильева, А. Н. Практическая стилистика русского языка для иностранных студентов-филологов старших курсов / А. Н. Васильева. – М.: Рус. яз., 1989.

18. Вербицкая, Л. А. Давайте говорiь правильно. Трудности русского произношения и ударения: Краткий словарь-справочник / Л.А. Вербицкая. - М.: Академия, 2003.

19. Виноградов, В. В. О понятии «стиля языка» (применительно к истории русского литературного языка) / В. В. Виноградов //Известия АН СССР ОЛЯ. – 1955. – Вып. 4.

20. Вомперский, В. П. Стилистическое учение М. В. Ломоносова и теория трёх стилей / В. П. Вомперский. - М. : Изд. МГУ, 1970. - 211 с.

21. Гаузенблас, К. К. К уточнению понятия «стиль» и к вопросу об объёме стилистического исследования / К. К. Глаузенблас // Вопросы языкознания. – 1967. - № 5.

22. Гвоздев, А. Н. Очерки по стилистике русского языка / А. Н. Гвоздев. – М.: КомКнига, 2005. - 408 с. – Серия: Литературное наследие XX века.

23. Головин, Б. Н. Основы культуры речи / Б. Н. Головин. – М. : Высш. шк., 1980. – 335 с.

24. Голуб И.Б. Стилистика русского языка / Голуб И.Б. – М.: Рольф; Айрис-пресс,1997. – 448 с.

25. Горбачевич, К. С. Изменение норм русского литературного языка / К. С. Горбачевич. – М. : Просвещение, 1971. – 270 с.

26. Горбачевич, К. С. Нормы современного русского литературного языка / К. С. Горбачевич. – М. : Просвещение, 1989. – 208 с.

27. Горбачевич, К. С. Русский язык. Прошлое. Настоящее. Будущее / К. С. Горбачевич. – М. : Просвещение, 1984. – 191 с.

28. Иванова, В. А. Занимательно о русском языке / В. А. Иванова, З. А. Потиха, Д. Э. Розенталь. – Л : Просвещение, 1990. – 255 с.

29. Кожина, М. Н. Стилистика русского языка / М. Н. Кожина. – М. : Просвещение, 1983. – 223 с.

30. Колесов, В. В. Культура речи – культура поведения / В. В. Колесов. – Л. : Лениздат, 1988. – 271 с.

31. Костомаров, В. Г. Языковой вкус эпохи: Из наблюдений над речевой практикой масс-медиа / В. Г. Костомаров. – 3-е изд., испр. и доп. - СПб.: Златоуст,1999. - 320с.

32. Костомаров, В. Г. Наш язык в действии: Очерки современной русской стилистики / В. Г. Костомаров. – М. : Гадарики. – 288 с.

33. Кохтев, Н. Н. Популярная стилистика русского языка / Н. Н. Кохтев, Д. Э. Розенталь. – М. : Рус. яз., 1984. – 192 с.

34. Крылова,О.А. Основы функциональной стилистики русского языка / О. А. Крылова. – М. : Рус. яз., 1979. – 223 с.

35. Культура русской речи: Энциклопедический словарь-справочник / Под ред. Л.Ю.Иванова, А.П.Сковородникова, Е.Н.Ширяева и др. – М.:Флинта:Наука,2003. –840 с.

36. Ласкавая, Е.В. Сценическая речь: Методическое пособие / Е.В. Ласкавая. - М.:ВЦХТ («Я вхожу в мир искусств»). – 144 с.

37. Люстрова, З. Н. Мир родной речи: Беседы о русском языке и культуре речи / З. Н. Люстрова, Л. Н. Скворцов. – М. : Знание, 1972. – 158 с.

38. Львов, В. В. Обучение нормам произношения и ударения в средней школе / В. В. Львов. – М. : Просвещение, 1989. – 144 с.

39. Львова, С. И. Язык в речевом общении / С. И. Львова. – М. : Просвещение, 1991. – 128 с.

40. Маркичев, Т. Б. Мастерство публичного выступления: Учебное пособие / Т. Б. Маркичев, Е. А. Ножин. – М.: Знание, 1989. – 176 с.

41. Никольская,С.Т. Техника речи: методические рекомендации и упражнения для лекторов / С. Т. Никольская. – М.: Знание, 1978. – 77 с.

42. Новиков, Л. А. Искусство слова / Л. А. Новиков. – М. : Педагогика, 1991. – 142 с.

43. Ожегов, С. И. Очередные вопросы культуры речи / С. И. Ожегов // Вопросы культуры речи. – 1955. – Вып. 1.

44. Осокин В.В. Логическое ударение/ В.В. Осокин . - Томск: Изд-во ТГУ, 1968. – 144 с.

45. Панов,М.В. История русского литературного произношения XVIII – XX вв. / М. В. Панов. – М. : Наука, 1990. – 456 с.

46. Панфилов, А. К. Лекции по стилистике русского языка / А. К. Панфилов. – М. : 1972.

47. Постникова, И. И. Фонетика – это интересно / И. И. Постникова, И. М. Подгаецкая. – М. : Просвещение, 1992. – 96 с.

48. Практическая стилистика русского языка. Функциональные стили: Учебное пособие для вузов/ Под ред. В.А.Алексеева и К.А.Роговой. – М.:Высшая школа, 1982. – 144 с.

49. Мериме, Проспер. Статьи о русских писателях. / Проспер Мериме. - М.,1958.

50. Рождественский,Ю.В. Теория риторики/ Ю.В.Рождественский. – М. : Добросвет, 1999. – 482 с.

51. Розенталь, Д. Э. Словарь-справочник лингвистических терминов / Д.Э. Розенталь, М.А. Теленкова. - М.: Просвещение, 1976 - с.210.

52. Розенталь, Д.Э. Практическая стилистика русского языка / Д. Э. Розенталь. - М. : Просвещение, 1977. – 316 с.

53. Сазонтьев, Б. А . От умения слушать до умения говорить / Б. А. Сазонтьев // Слово лектора. – 1980. - N 7.

54. Стилистический энциклопедический словарь русского языка / Под ред. М. Н. Кожиной. – М., 2003. – 696 с.

55. Сценическая речь: Учебник/ Под ред.И.П.Козляниновой, И.Ю.Промптовой. – М., 1995. – 624 с.

56. Успенский, Л. В. Культура речи / Л. В. Успенский. – М. : Знание, 1976. - 96 с.

57. Чичерин, Г. В. Устная речь как искусство / Г. В. Чичерин // Русская речь. – 1978. – N 9.

58. Чуковский, К.И. Живой как жизнь: О русском языке/ К.И.Чуковский. – М.:КД Университет, 2004. – 224с.

59. Щерба, Л.В. О разных стилях произношения и об идеальном фонетическом составе слов /Л.В. Щерба // Языковая система и речевая деятельность.- Л.: Наука, 1974. – С.141-159.

60. Эффективная коммуникация: история, теория, практика: Словарь-справочник /Отв. редактор М.И. Панов; сост. М.И. Панов, Л.Е. Тумина. – М.:ООО «Агентство КРПА Олимп», 2005. – 960 с.

61. Язык и культура / Е. М. Верещагин, В.Г. Костомаров. – М : Рус. яз., 1983. – 269 с.

ИНТЕРНЕТ-РЕСУРСЫ

1. www.philol.msu.ru Кедрова Г.Е., Потапов В.В. и др.
2. www.philol.msu.ru
3. www.ruscorpora.ru
4. www.krugosvet.ru

СОДЕРЖАНИЕ

Русская устная речь:
Стилистика/ Культура речи/ Риторика

First printed : Feb 20. 2008.
First published : Feb 29. 2008.
The writer : Sang-Young Pyo · Muran Olga V.
The publisher : Park, Chul
Hankuk University of Foreign Studies Press Center
270 Imun-dong Dongdaemun-gu, Seoul, 130-791
Tel : 82-2-2173-2495∼7
Fax : 82-2-2173-3363
Homepage : http://press.hufs.ac.kr
e-mail : press@hufs.ac.kr
Registration of publisher : 6-6(Apr. 30. 1969)

ISBN 978-89-7464-490-1 13790 ₩13,000